Seit wann gibt es die deutsche Sprache? Woher kommt das Wort «deutsch»? Wie viele Laute hat das Deutsche? Warum hat es so viele Umlaute? Wann gebraucht man Imperfekt und wann Perfekt? Was ist Jiddisch? Und was ist mit dem Friesischen? Wie wird das Deutsche in hundert Jahren aussehen? Hans Ulrich Schmid, Professor für historische deutsche Sprachwissenschaft, wirft einen angenehm unangestrengten Blick auf unsere doch recht komplizierte Sprache mit ihrer langen Entwicklungs- und Vorgeschichte. Das Deutsche, könnte das Fazit lauten, hat sich zwar von jeher weiterentwickelt, aber vieles, was dem heutigen Sprecher unlogisch erscheint, findet eine überraschend plausible Erklärung in der Sprachgeschichte.

Hans Ulrich Schmid ist Professor für historische deutsche Sprachwissenschaft an der Universität Leipzig und Vorsitzender der Gesellschaft für Germanistische Sprachgeschichte.

Hans Ulrich Schmid

Die 101 wichtigsten Fragen
Deutsche Sprache

Verlag C.H.Beck

Mit 5 Abbildungen
(Archiv des Autors)

Originalausgabe

© Verlag C.H.Beck oHG, München 2010
Satz: Fotosatz Reinhard Amann, Aichstetten
Druck und Bindung: Druckerei C.H.Beck, Nördlingen
Umschlaggestaltung: malsyteufel, willich
Umschlagabbildung: Paul Klee, Karge Worte des Sparsamen, 1924;
© VG Bild Kunst 2010/bpk/Nationalgalerie, Museum Berggruen,
SMB/Jens Ziehe
Printed in Germany
ISBN: 978 3 406 60759 2

www.beck.de

Inhalt

Varietäten des Deutschen   44

Aussprache und Rechtschreibung   66

Grammatik   75

Abschließendes   148

Einleitung

Wir bedienen uns der deutschen Sprache im Alltag mit der gleichen Selbstverständlichkeit, mit der wir über eine Straße gehen, eine Zeitung kaufen oder Kaffee trinken. Dennoch kommt es gelegentlich vor, dass wir uns fragen, warum und woher plötzlich neue Wörter auftauchen und andere gleichzeitig außer Gebrauch kommen. Oder warum unsere Grammatik Regeln hat, die den Eindruck erwecken, als wären sie keine – jedenfalls keine «richtig logischen». Mitunter fallen uns gewisse Ähnlichkeiten mit anderen Sprachen wie dem Englischen oder Niederländischen auf, dann aber auch wieder Unterschiede innerhalb des Deutschen. So stellt sich die Frage, woher solche Ähnlichkeiten und Unähnlichkeiten kommen.

In diesem Buch werden derartige Fragen formuliert und möglichst knapp beantwortet. Es sind Fragen, wie sie dem Verfasser von sprachbewussten und -interessierten Sprechern des Deutschen, aber auch von Deutsch Lernenden immer wieder gestellt werden. Zum Teil sind es auch Fragen, die in sprachwissenschaftlichen Vorlesungen und Seminaren aufgetreten sind.

Sicher gibt es wesentlich mehr und auch ganz andere Fragen an die deutsche Sprache als genau die 101, die in diesem Bändchen behandelt werden (können). Allein mit der deutschen Rechtschreibung verbinden sich zahlreiche Detailprobleme, und auch die deutsche Grammatik bietet, wie man weiß, reichlich Zweifelsfälle. Als Sprachhistoriker wird man häufig nach der Herkunft von Wörtern oder bestimmter Wendungen gefragt. Um solche Einzelheiten kann es nur in wenigen Ausnahmefällen gehen. Für Rechtschreib- und Grammatikprobleme, aber auch für etymologische Auskünfte sind die entsprechenden Ratgeber und Handbücher zuständig. Die 101 Fragen, deren Auswahl bis zu einem bestimmten Grad natürlich auch subjektiv ist, sind eher allgemeiner Art. Primär geht es um historische Entwicklungslinien, um Aspekte der Sprachgeographie, um Grundsatzfragen des deutschen Wortschatzes, der deutschen Grammatik und des öffentlichen Sprachgebrauchs. Viele Auffälligkeiten der deutschen Sprache entpuppen sich bei näherem Zusehen als Folgen historischer Entwicklungen. Deshalb kommen immer wieder auch bei solchen Fragen, die auf den ersten Blick nichts Historisches an sich haben, sprachgeschichtliche Aspekte ins Spiel.

Leipzig, im Mai 2010
Hans Ulrich Schmid

Sprachgeschichte und Sprachwandel

1. Seit wann wird Deutsch gesprochen? Der historische (oder prähistorische) Anfang der deutschen Sprache lässt sich nicht datieren. Die Sprachgeschichte ist ein Kontinuum, in dessen Verlauf der Wortbestand und die grammatischen Strukturen einem permanenten Wandel unterlagen. Je weiter wir das Deutsche zurück in die Vergangenheit verfolgen, desto fremdartiger erscheint uns «unsere» Sprache: Goethe und Schiller (um 1800) lassen sich noch leidlich gut verstehen, Grimmelshausen (17. Jahrhundert) und Luther (16. Jahrhundert) stellen uns mitunter schon vor beträchtliche Verständnisprobleme. Um zu verstehen, was der Minnesänger Walther von der Vogelweide (um 1200) seinem Publikum vorgetragen hat, braucht man schon eine Spezialgrammatik und ein Wörterbuch des Mittelhochdeutschen. Und wenn der älteste uns mit Namen bekannte deutsche Dichter, Otfrid von Weißenburg, im 9. Jahrhundert nicht ohne Stammesstolz fragte, *wanana sculun Frankon einon thaz biwankon, ni sie in frenkisgon biginnen. sie gotes lob singen?* und damit sinngemäß meinte ‹warum sollten die Franken als die einzigen es nicht zustande bringen, in ihrer eigenen Sprache Gott Lob zu singen?›, dann liest sich das wie eine Fremdsprache, nicht wie Deutsch.

Man kann mit Methoden der sprachhistorischen Rekonstruktion sogar noch viel weiter in die (schriftlose) Vergangenheit zurück gelangen: In den Jahrhunderten um Christi Geburt muss es noch ein relativ einheitliches Germanisch gegeben haben, über dessen Wortschatz und Grammatik man relativ gut Bescheid weiß. Noch zwei oder drei Jahrtausende früher muss es eine Sprache gegeben haben, aus der sich ganz allmählich außer dem Germanischen auch die Vorstufen des Lateinischen und des Griechischen, die späteren keltischen, slawischen und zahlreiche weitere Sprachen entwickelt haben. Diese Grundsprache bezeichnet man als «Indogermanisch» oder «Indoeuropäisch». Sogar von der Beschaffenheit dieser prähistorischen Sprachstufe kann sich die historisch-vergleichende Sprachwissenschaft heute ein relativ genaues Bild machen. Darüber, was davor lag, kann – trotz gelegentlich gegenteiliger Behauptungen – nur unwissenschaftlich spekuliert werden.

Nun kann man das Germanische und erst recht das Indogermanische nicht mehr als «Deutsch» in Anspruch nehmen. Wo also liegt in diesem Jahrtausende umfassenden Entwicklungskontinuum der Anfang des Deutschen? Am sinnvollsten ist es, den Anfang der deutschen Sprachgeschichte in einem eigentlichen Sinne in die historische Phase zu datieren, in der auf dem Boden des heutigen Sprachgebietes Texte in einer Sprachform aufgeschrieben wurden, aus der sich im Laufe der Zeit kontinuierlich unser heutiges Deutsch entwickelt hat, und das ist das spätere 8. Jahrhundert nach Christus. Alles Frühere ist Vorgeschichte.

2. Gibt es im heutigen Deutschen noch Spuren des Indogermanischen und des Germanischen? Die deutsche Gegenwartssprache weist noch deutliche Spuren ihrer indogermanischen und germanischen Vorvergangenheit auf, und zwar sowohl im Wortschatz als auch in der Grammatik. Zentrale Wortschatzbereiche kann man sogar bis ins Indogermanische – das heißt: bis in die Jungsteinzeit – zurückverfolgen. Ein gutes Beispiel sind die Benennungen der direkten Blutsverwandtschaft. Das deutsche Wort *Vater* beispielsweise geht zusammen mit seinen Entsprechungen in den näher verwandten germanischen Sprachen (wie englisch *father*, niederländisch *vader*, schwedisch *fader*) und darüber hinaus mit lateinischem *pater*, altirischem *athir*, altindischen, griechischen und weiteren Entsprechungen auf ein indogermanisches Grundwort zurück. Entsprechendes gilt auch für *Mutter*, *Bruder* und *Schwester*. Auch die Elementarzahlen von *eins* bis *zehn* und *hundert* weisen so genaue Übereinstimmungen in den Sprachen der germanischen und indogermanischen Familie auf, dass der Schluss zwingend ist, dass sich hier ein System fortsetzt, das bereits im Indogermanischen vorgebildet war. Einige Tiernamen (wie *Maus*, *Wolf*, *Hund*), Bezeichnungen für Naturerscheinungen (z. B. *Sonne*, *Mond*, *Stern*, *Tag*, *Nacht*) oder für Körperteile (wie *Haupt*, *Hals*, *Arsch*, *Fuß*) können bis ins Indogermanische zurückverfolgt werden. Natürlich haben diese Wörter starke lautliche Veränderungen erfahren und sind mit ihren prähistorischen Entsprechungen längst nicht mehr identisch. Dennoch kann man sagen, dass wir noch heute Wörter verwenden, die, wenn auch in stark veränderter Lautgestalt, unsere Vorfahren vor ungefähr hundert Generationen gebraucht haben. Aber nicht nur Teile des Wortschatzes lassen sich bis ins Indogermanische zurückverfolgen. Indogermanisches Erbe ist auch noch in der Grammatik vorhanden. Ein Beispiel ist das Prinzip der Flexion. Das heißt: in einer Wortendung sind mehrere Informationen «komprimiert». Nehmen wir die Form *Tag-es*: In der Endung *-es* sind zwei grammatische Informationen enthalten, nämlich Genitiv und Singular. Im Laufe der Jahrhunderte ist die Flexion an Substantiven und Verben aber stark reduziert worden.

Auf germanischer Stufe ist eine Reihe von Wörtern neu hinzugekommen, die sich nicht mehr mit indogermanischen Entsprechungen in Verbindung bringen lassen, die aber in allen frühen germanischen Einzelsprachen (im Althochdeutschen, Gotischen, Altenglischen, Altnordischen, aus dem später die modernen skandinavischen Sprachen hervorgegangen sind) nachzuweisen sind. Das lässt den Schluss zu, dass diese Wörter – auf welchem Weg auch immer – ins Germanische kamen, als noch eine relativ geschlossene Spracheinheit bestand. Hierher gehört beispielsweise eine Schicht von Wörtern, die etwas mit Kampf und Waffen zu tun haben wie *Schwert* (dazu englisch *sword*, schwedisch *svärd*) und *Helm* (englisch *helmet*, schwedisch *hjälm*), ferner Wörter, die in Zusammenhang mit Recht und Herrschaft stehen wie *Ding* (englisch *thing*, schwedisch *ting*) und *Sache* (englisch *sake*, schwedisch *sak*), was beides ursprünglich ‹Rechtssache› bedeutete, nicht wie heute einfach ‹(beliebiger) Gegenstand›, oder *König* (englisch *king*, schwedisch *konung*), außerdem Seefahrtswörter (einschließlich unserer Benennungen der Himmelsrichtungen). Vermutlich gab es auch so etwas wie einen «gemeingermanischen» poetischen Wortschatz. Eine neue grammatische Errungenschaft, die alle germanischen Sprachen teilen, die aber außerhalb dieser Sprachfamilie keine Entsprechung hat, ist die Bildung von Vergangenheitsformen mit *-te* wie in *lach-te, segel-te* (vgl. englisch *laugh-ed, sail-ed*).

Zusammenfassend kann man sagen, dass die deutsche Sprache der Gegenwart sowohl im Wortschatz als auch im grammatischen Bereich voller uralter Reminiszenzen ist.

3. Seit wann wird Deutsch geschrieben? Die deutschsprachige Textüberlieferung setzt um die Mitte des 8. Jahrhunderts ein. Das Erhaltene ist allerdings äußerst bescheiden: Es handelt sich überwiegend um Einzelwörter, mitunter auch einmal kurze Sätzchen zwischen den Zeilen oder an Blatträndern in ansonsten lateinischen Handschriften. Solche Einsprengsel bezeichnet man als «Glossen». Um die Mitte des 8. Jahrhunderts hat man (vermutlich in Regensburg) versucht, ein spätantikes lateinisches Synonymenwörterbuch, das nach dem ersten Wort *Abrogans* genannt wird, ins Althochdeut-

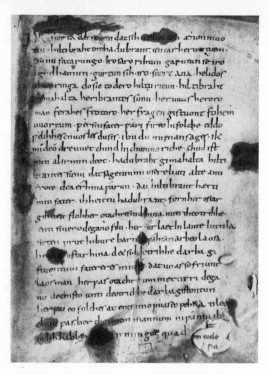

Eine Seite des althochdeutschen Hildebrandsliedes

sche zu übertragen. Der oder die Übersetzer waren allerdings etwas überfordert, denn für nicht wenige der schon im Lateinischen ausgefallenen oder gekünstelten Wörter gab es überhaupt keine althochdeutschen Gegenstücke. Kurz vor 800 hat ein anonymer Gelehrter einige lateinische Texte, darunter das Matthäus-Evangelium, in ein vergleichsweise elegantes (Althoch-)Deutsch übertragen. Vermutlich waren diese Texte in einem Buch zusammengefasst. Heute sind davon nur noch einzelne Blätter übrig. Im Laufe des 9. Jahrhunderts nimmt die Zahl der Texte in der Volkssprache etwas zu: Um 830 wurde in Fulda eine Zusammenfassung der vier Evangelien zu einem einzigen fortlaufenden Text ohne Wiederholungen übersetzt. Die Handschrift liegt heute in der Stiftsbibliothek St. Gallen. In einem Kloster in Norddeutschland dichtete wenig später ein unbekannter Autor auf der Grundlage dieser Evangelienharmonie den altsächsischen *Heliand*. Darin wird in alliterierenden Versen («Stabreim»), also noch in germanischer Dichtungstradition, das Leben Jesu erzählt. In der 2. Jahrhunderthälfte schuf Otfrid von Weißenburg sein Evangelienbuch in althochdeutschen Versen, verwendete dabei aber bereits «modernere» Endreimverse. Ebenfalls in Fulda hat in der 1. Hälfte des 9. Jahrhunderts ein Unbekannter das *Hildebrandslied* aufgeschrieben. Darin wird von dem tragischen Kampf Hildebrands gegen seinen eigenen Sohn Hadubrand erzählt. Das Lied selbst, in dem auch Dietrich von Bern und Odoakar erwähnt werden, muss lange Zeit vor der Niederschrift verfasst worden sein. Es ist das einzige Stück stabreimender altgermanischer Heldendichtung in althochdeutscher Sprache. Im 10. Jahrhundert wurden die beiden *Merseburger Zaubersprüche* zu Pergament gebracht. Auch sie sind erheblich älter und sind sicher noch in heidnischer Zeit entstanden. Vergleichsweise nahe an die gesprochene Sprache des frühen Mittelalters führen einige im 10. Jahrhundert irgendwo im deutsch-französischen Kontaktgebiet aufgeschriebene Sätze eines lateinisch-deutschen «Sprachführers». Ein Reisender, der nicht Deutsch sprach, konnte sich mithilfe dieser kleinen Sammlung von Alltagsphrasen informieren, was man z. B. beim Schuster sagt (*Bozze mine scoh* ‹bessere meine Schuhe aus›) oder wie man jemandem zu verstehen gibt, dass man ihn nicht ausstehen kann (*Hundes ars in tine naso* ‹den Arsch vom Hund in deine Nase›). Bei jedem deutschen Satz oder Ausdruck steht natürlich die lateinische Entsprechung.

4. Woher kommt das Wort *deutsch*? Das Wort *deutsch* weist auf einen germanischen Wortstamm *theud-* zurück, und das bedeutet ‹Volk›. Der Wortbestandteil *–sch* ist ein verkürztes Adjektive bildendes *–isch* wie in *fränk-isch*, *bayer-isch* usw. Wenn das Wort *völkisch* nicht auf makabre Weise missbraucht worden wäre, könnte man die ursprüngliche Bedeutung von *deutsch* tatsächlich mit ‹völkisch› wiedergeben. Aber besser paraphrasiert man ‹zum Volk gehörig›. Die früheste althochdeutsche Wortform ist *theodisk*; doch die meisten frühen Belege erscheinen in lateinischen Texten in der latinisierten Form *theodiscus*. Ursprünglich diente das Wort jedoch noch nicht zur Bezeichnung eines bestimmten Volkes oder einer Nationalität, sondern als Benennung der Sprache derer, die nicht Latein konnten. Es konnte sich auf eine frühe Form des Englischen ebenso beziehen wie auf das Althochdeutsche oder Altniederdeutsche. Ein berühmtes Beispiel ist die «Rechtfertigung» dafür, dass der Bayernherzog Tassilo III. im Jahre 788 auf Befehl Karls des Großen († 814) entmachtet, geblendet und für den Rest seiner Tage ins Kloster Kremsmünster gesteckt wurde. In der lateinischen «Urteilsbegründung» heißt es, diese Strafmaßnahme sei erfolgt wegen Tassilos Verbrechens, *quod theodisca lingua harisliz dicitur* ‹das in der Volkssprache *harisliz* genannt wird›. Die Juristen Karls des Großen griffen hier auf einen germanischen Rechtsterminus zurück, der mit ‹Gefolgschaftsverweigerung› (ganz wörtlich ‹Heerschlitz›) wiedergegeben werden kann. (Tassilo selber hat es vermutlich anders gesehen).

An der romanischen Sprachgrenze wurde *theodisk* wohl auch schon früh als Gegensatz zu Altfranzösisch oder Altitalienisch verwendet. Erst im späten 11. Jahrhundert wurde *diutsch* – so die mittelhochdeutsche Wortform – auf das Land bezogen, und erst um 1200 (z. B. von Walther von der Vogelweide) auch auf die Menschen, die in diesem Land wohnten. Etymologisch gleich ist auch die englische Bezeichnung für Niederländisch, nämlich *Dutch*. Italienisch *tedesco* und norwegisch *tysk* (beides bedeutet ‹deutsch›) basieren auf demselben Wortstamm.

5. Ist Etymologie der Schlüssel zum «Wesen der Dinge»? *Kunst kommt von können.* Den Spruch kennt jeder und – rein sprachlich gesehen – ist er nicht einmal falsch oder jedenfalls genauso richtig wie es *Gunst kommt von gönnen* oder *Fahrt kommt von fahren* wäre. Aber was weiß man schon über Kunst, nur weil man weiß, dass das Wort irgendwie auf das Verbum *können* zurückzuführen ist? Hat man damit eine Definition dessen, was Kunst ist? Sicher nicht, und es wäre wohl auch allzu einfach! Es gibt aber die weit verbreitete Meinung, dass man die «eigentliche» oder «wirkliche» Bedeutung eines Wortes und damit auch das Wesen der bezeichneten Sache unter Rückgriff auf dessen «eigentliche Herkunft» erfassen könne. Diese äußerst schiefe Sicht der Dinge kann sich dann zu solchen Absurditäten steigern wie *die Eifersucht ist eine Leidenschaft, die mit Eifer sucht, was Leiden schafft.*

Im Mittelalter gründete man auf etymologische (meistens aber nur pseudoetymologische) Assoziationen sogar theologische Aussagen. Im 13. Jahrhundert «erklärte» der Franziskaner Berthold von Regensburg das Wort *Witwe* in einer Predigt folgendermaßen: *Iu ist wîte wê allenthalben, daz ist iuwer name: wîte wê! wîte wê! Seht alsô heizet ir.* In heutiges Deutsch übertragen heißt das ‹ihr habt weites Weh allenthalben; das ist euer Name: weites Weh, weites Weh! Seht, so heißt ihr›. Wie die angesprochenen Witwen unter den Zuhörern darauf reagierten, ist nicht überliefert. Vielleicht nickten sie sogar beifällig. Jedenfalls spricht nichts dagegen, dass sie glaubten, Berthold habe ihnen die eigentliche Bedeutung des Wortes *Witwe* erschlossen, indem er es mit *wît* ‹weit› und *wê* ‹Weh› assoziierte. Was der mittelalterliche Prediger nicht wissen konnte: Das mittelhochdeutsche Wort *witewe* ist auf althochdeutsches *wituwa* zurückzuführen, das seinerseits auf ein germanisches Wort zurückgeht, das wiederum zusammen mit lateinischem *vidua* (und einer Reihe gleichartiger Wörter in anderen verwandten Sprachen) auf einem indogermanischen *widhewā* basiert. Weder hat es etwas mit *weit* zu tun noch mit *Weh*.

Vielfach locken freie Assoziationen sogar auf etymologische Irrwege. Ein Beispiel wäre das Wort *Sucht*, das den Eindruck macht, als lasse es sich auf *suchen* zurückführen. Zumindest die Bedeutung könnte es ja nahe legen: Wer eine *Sucht* hat, der *sucht* danach, sie zu befriedigen. Aber das eine hat mit dem anderen etymologisch gesehen nicht das Geringste zu tun. *Sucht* reiht sich etymologisch mit *siech* (dazu auch englisch *sick*) und *Seuche* in eine Wortfamilie ein, ganz ähnlich wie *Gruft*, *graben* und *Grube* oder *Fahrt*, *Furt* und *fahren*.

Nicht selten werden Wörter, die isoliert sind und zu keiner solchen Wortfamilie passen, von den Sprechern unwillkürlich so abgeändert, dass sie sich – scheinbar! – doch wieder irgendwie mit bekannten Wörtern verbinden lassen. Ein solcher Fall wäre das Verbum *anberaumen*. Da Sitzungen und Konferenzen in der Regel in einem *Raum* stattfinden (nur in Ausnahmefällen im Biergarten), könnte man meinen, *anberaumen* habe etwas damit zu tun, dass vorab angekündigt wird, in welchem Raum sich die Teilnehmer (einer Konferenz o. ä.) einzufinden haben. Das Wort geht jedoch auf mittelhochdeutsch *berâmen* ‹festsetzen› zurück. Darin steckt das Substantiv *râm* ‹Ziel›. Nachdem dieses nicht mehr verwendet wurde, konnte man auch das davon abgeleitete *berâmen* nicht mehr anschließen. Also formte man es um nach *Raum* und «vernetzte» es damit neu. Solche Umdeutungen bezeichnet man als «Volksetymologie».

6. In welchen Bereichen hat sich die deutsche Sprache im Laufe der Zeit verändert?   Das Deutsche hat sich in seiner Geschichte auf allen Ebenen verändert (und verändert sich weiterhin). Betroffen sind das Lautsystem, die Flexionsformen, der Wortschatz, der

Satzbau und auch die Konventionen des sprachlichen Umgangs. Der Sprachwandel wird allerdings von den Sprechern selbst (die ihn ja bewirken) kaum wahrgenommen. Dass sich beispielsweise der Dativ Plural von *Tag* zwischen dem 9. und 12. Jahrhundert allmählich von *tagum* über *tagun* und *tagon* zu *tagen* verändert, also an Lautsubstanz verloren hat, wird den damaligen Sprechern kaum aufgefallen sein. Diese Reduktion vor allem in Flexionssilben führte zwangsläufig dazu, dass sich auch Deklination und Konjugation veränderten. Sie ist Ursache dafür, dass heute bei Substantiven meistens ein Artikel und bei Verben meistens ein Personalpronomen steht.

Auch der deutsche Satzbau war im Laufe vieler Jahrhunderte erheblichen Veränderungen unterworfen. Die Positionierung des Prädikatsverbs an zweiter Stelle in Aussagehauptsätzen wurde ebenso erst allmählich zur Regel wie die Endstellung des Prädikats in Nebensätzen. Satzgefüge wurden tendenziell komplexer (allerdings gab es auch schon im Althochdeutschen ganz beachtliche Schachtelsätze). Es kamen Konjunktionen in Gebrauch, die das logisch-sachliche Verhältnis zwischen einem Haupt- und einem Nebensatz präziser zum Ausdruck brachten, als das vorher möglich war. Syntaktische «Errungenschaften» erst der Neuzeit sind z. B. Kausalsätze mit *weil*, Temporalsätze mit *nachdem*, Konzessivsätze mit *obwohl* und finale Infinitive mit *damit*.

Am ehesten von den Sprechern bemerkt wird der Wortschatzwandel, also die Tatsache, dass unaufhörlich Wörter außer Gebrauch kommen und neue Wörter Eingang in unseren Wortschatz finden. Nur ein Beispiel: Noch in den 1960er Jahren konnte man ein junges Mädchen als *Backfisch* bezeichnen. Damals hätte niemand das Wort *Teeny* verstanden. Der *Backfisch* ist mittlerweile verschwunden, *Teeny* ist sozusagen an seine Stelle getreten. Man bezeichnet solche Entwicklungen als «quantitativen Wortschatzwandel». Wörter können aber auch in der Sprache bleiben, dabei jedoch ihre Bedeutung verändern. Paradebeispiel ist das Adjektiv *geil*, das in den 1980er Jahren einen rasanten Bedeutungswandel von ‹lüstern, obszön› zu ‹ausgezeichnet, hervorragend› durchmachte. Das ist «qualitativer Wortschatzwandel».

Noch viel schwieriger, als Sprachwandel zu beobachten und mit Beispielen zu belegen, ist es, ihn zu begründen. Hier muss man differenzieren, denn es wirken ganz verschiedenartige Faktoren zusammen, die teilweise innerhalb der Sprache zu suchen sind (das ist vorwiegend beim Laut- und Flexionswandel der Fall), teilweise auch außerhalb der Sprache in veränderten Kommunikationsbedingungen (wie beim Wortschatz- und Syntaxwandel und auch beim Wandel sprachlicher Konventionen).

7. Was versteht man unter «Lautverschiebung»? Nicht jeder Lautwandel ist, wenn man es mit der sprachwissenschaftlichen Begrifflichkeit genau nimmt, eine «Lautverschiebung». In der Vorgeschichte des Deutschen haben nur zwei Lautverschiebungen (im eigentlichen Sinn des Wortes) stattgefunden. Beide Prozesse waren zwar nicht identisch, aber doch ähnlich, denn jedes Mal waren gleichartige Konsonanten betroffen. Die erste Lautverschiebung markiert den Übergang vom Indogermanischen zum Germanischen, die zweite die Grenzscheide zwischen einer späten Phase des Germanischen und dem Althochdeutschen. Die erste Lautverschiebung kann nur sehr vage datiert werden: Es handelt sich auf jeden Fall um einen prähistorischen Vorgang, der sich irgendwann zwischen dem 2. Jahrtausend vor Christus und der Zeitenwende abgespielt hat. Zwar hat man versucht, das Zeitfenster einzuengen, doch scheitern genauere Datierungen letztlich daran, dass es keine schriftlichen Dokumente aus der Jungsteinzeit und Bronzezeit gibt. Und auch die zweite Lautverschiebung lässt sich nicht präzise datieren, doch kann man mit einiger Gewissheit davon ausgehen, dass sich die betreffenden Vorgänge zwischen dem späten 6. und dem frühen 8. Jahrhundert nach Christus abgespielt haben.

Was ist in den beiden Lautverschiebungen passiert? Sehr stark vereinfacht gesagt, veränderten sich in der ersten Lautverschiebung die indogermanischen Konsonanten *p* zu *f*, *k* zu *ch* (oder *h*) und *t* zu einem Laut wie englisches *th*. Aus *b*, *d* und *g* wurden wiederum *p*, *t* und *k*. Weil diese erste Lautverschiebung eine germanische Besonderheit ist, die die verwandten indogermanischen Sprachen, zu denen auch das Lateinische gehört, nicht durchlaufen haben, gibt es viele lateinisch-deutsche Wortpaare, an denen sich die Vorgänge noch gut ablesen lassen. Der Wandel *p* zu *f* zeigt sich noch im Gegenüber von lateinisch *pellis* und *Fell* oder *piscis* und *Fisch*. Da im Lateinischen der Buchstabe *c* den Lautwert von *k* hat, vergleichen sich auch lateinisches *cornu* und *Horn*. Das Wort *Hahn* ist über das Indogermanische «urverwandt» mit dem lateinischen Verbum *canere* ‹singen›. Wenn man die Lautregelmäßigkeiten kennt, eröffnen sich also auch etymologische Zusammenhänge.

Für die zweite Lautverschiebung, von der wiederum *p, t* und *k* sowie *b, d* und *g* betroffen waren, kann man das Englische als Vergleichssprache benutzen, weil es im Bereich der betroffenen Konsonanten den germanischen Zustand beibehalten hat. Je nach Position im Wort entwickelte sich germanisches *p* zu *pf*, doppeltem *ff* oder einfachem *f*. Englischem *pound* mit *p* am Wortanfang entspricht das deutsche Wort *Pfund*, englischem *open* mit *p* zwischen zwei Vokalen entspricht *offen* und englisches *up* ist die Entsprechung von deutschem *auf*. Germanisches *t* wurde am Wortanfang zu *ts* (geschrieben als *z*), deshalb entsprechen sich englisches *ten* und deutsches *zehn* ebenso *two* und *zwei* oder – wieder ein nicht ganz uninteressanter etymologischer Zusammenhang – *town* und *Zaun*.

Diese zweite Lautverschiebung ist nicht im ganzen deutschen Sprachraum auf gleiche Weise eingetreten. Generell kann man sagen, dass die Verschiebung im Süden konsequenter vollzogen worden ist als im Rhein-Main-Gebiet und an der Mosel. Deutlich wird das an der Verschiebung von *k* am Wortanfang. Es wurde nur am Südrand des Sprachgebietes zu *kch* verschoben. Deshalb verspeist in der Schweiz und in Tirol der *Kchnecht* auf der Almhütte seinen *Kchäs*, während sein deutscher Kollege, der *Knecht*, vorzugsweise *Käse* isst.

Dort, wo überhaupt keine zweite Lautverschiebung stattgefunden hat, spricht man Niederdeutsch bzw. Plattdeutsch. Als Grenze gilt die «Benrather Linie». Sie verläuft auf der Landkarte annähernd waagerecht von West nach Ost, überquert auf Höhe von Benrath (heute ein Teil von Düsseldorf) den Rhein, setzt sich weiter fort nach Kassel, von dort nach Berlin (das noch knapp darunter liegt) bis zur polnischen Grenze. Unterhalb, also südlich dieser gedachten Linie heißt es *Zeit*, *Wasser*, *schlafen*, *machen*, *das Dorf*, nördlich davon *Tid*, *Water*, *schlapen*, *maken*, *dat Dorp*.

8. Inwiefern ist Hochdeutsch «hoch» und Niederdeutsch «nieder»?
Es gibt bekanntlich ein deutsches Bundesland, dessen hervorragende Köpfe nach eigenem Bekunden alles können «außer Hochdeutsch». Es kann hier nicht um den Realitätsgehalt dieses kokettierenden Werbeslogans gehen, sondern vielmehr darum, wie «Hochdeutsch» hier verstanden wird und was als Gegensatz mitgedacht ist (oder mitgedacht werden soll). Das ist zweifellos «Dialekt»,

denn im heutigen Verständnis meint man mit «Hochdeutsch» eine Sprechweise, die sich möglichst am geschriebenen Deutsch orientiert und deshalb weitgehend frei von regionalen Merkmalen ist. Es war aber nicht immer so, dass der Wortbestandteil «hoch» in «hochdeutsch» auf ein wie auch immer definiertes Sprachniveau bezogen wurde. Noch im 18. Jahrhundert war der mitgedachte Gegensatz nicht Hochdeutsch – Dialekt, sondern Hochdeutsch – Niederdeutsch, und das ist ein sprachgeographischer Kontrast. Als «hochdeutsch» verstand man alle diejenigen Dialekte, die dort gesprochen wurden, wo das Land höher liegt, also etwa ab der Mittelgebirgsschwelle. Niederdeutsch waren nach diesem Verständnis die Dialekte des niedrig gelegenen norddeutschen Tieflandes. Vom 13. bis ins 16. Jahrhundert verwendete man vorwiegend die Begriffe «oberländisch» und «niederländisch» (mit «niederländisch» meinte man allerdings noch nicht die Sprache der heutigen Niederlande, die es als selbständiges Territorium noch nicht gab).

Noch Texten aus dem 16. Jahrhundert ist oft anzusehen, aus welcher Ecke des deutschen Sprachraumes sie stammen. In der Zeit der Reformation mussten «hochdeutsche» Texte ins «Niederdeutsche» übersetzt werden, damit sie auch in Hamburg und Osnabrück verstanden wurden. Ein bekanntes Beispiel ist die Lutherbibel, die Johannes Bugenhagen, ein Mitstreiter des Reformators, ins Niederdeutsche übertrug. Wenn die politische Geschichte anders verlaufen wäre, dann hätte sich das Niederdeutsche parallel zum Hochdeutschen zu einer eigenständigen Schriftsprache weiter entwickelt. Diese Entwicklung kam jedoch spätestens um 1600 zum Erliegen. Der Bedeutungsverlust der Hanse, die Reformation, die zunehmende Geltung des römischen Rechts und die damit verbundene politische und kulturelle Orientierung des gebildeten norddeutschen Bürgertums nach Mittel- und Süddeutschland haben dazu geführt, dass das Hochdeutsche (zunächst noch im alten, sprachgeographischen Sinne) das Niederdeutsche als Schriftsprache verdrängte und mit einiger zeitlicher Verzögerung auch die gesprochene Sprache der gebildeten Bevölkerungsschichten vor allem in den Städten. Wer auf sich hielt – Lehrer, Pastoren, Juristen, Ärzte, öffentlich Bedienstete –, sah sich veranlasst, nicht nur einzelne Dialektlautungen, Formen und Wörter zu vermeiden, sondern musste geradezu einen Sprachwechsel vollziehen, um sein Bildungsniveau auch sprachlich zu dokumentieren. Das führte dazu, dass man sich um eine korrekte Leseaussprache bemühte. Das geschriebene Hochdeutsch des 17. und 18. Jahrhunderts, so wie es von niederdeutschen Sprechern artikuliert wurde, avancierte zur Prestigeaussprache und ist die Grundlage dessen, was man seit dem 18. Jahrhundert unter «Hochdeutsch» versteht: Vorbildliches, korrektes oder schlichtweg «richtiges» Deutsch. «Hoch» in «hochdeutsch» bezieht sich seit dem 18. Jahrhundert nicht mehr auf die Sprachgeographie, sondern auf das Sprachniveau.

9. Hat das Christentum die deutsche Sprache beeinflusst? Die christliche Mission des 8. Jahrhunderts im deutschen Sprachraum, die von irischen, vor allem aber angelsächsischen Mönchen getragen wurde, hat die deutsche Sprache ganz nachhaltig beeinflusst. Einer der führenden Köpfe war der heilige Bonifatius († 754), ein Angelsachse, der Kloster und Bistum Fulda gründete und damit eines der wichtigsten Missions- und Bildungszentren des frühen Mittelalters im deutschen Sprachraum. Schon ein rundes Jahrhundert zuvor hatte der Ire Gallus das später nach ihm benannte Kloster St. Gallen gegründet, das binnen kurzer Zeit ebenfalls zu einer wichtigen Bildungsstätte wurde. Es mag auf den ersten Blick nicht sonderlich einleuchten, was Klostergründungen mit der deutschen Sprache zu tun haben. Doch obwohl es den Missionaren des Frühmittelalters sicher nicht um die Pflege und Kultivierung des damaligen Deutschen ging, schufen Klöster die Grundlagen dafür, dass aus zunächst nur gesprochenen germanischen Dialekten eine Literatursprache werden konnte. Allein die Tatsache, dass wir bis heute, um Deutsch zu schreiben, lateinische Buchstaben verwenden, ist eine (Langzeit-) Folge der christlichen Mission des 8. Jahrhunderts. In der Stiftsbibliothek St. Gallen werden bis heute die ältesten deutschen Sprachzeugnisse aufbewahrt.

Nachhaltige Spuren hat die Mission, für die erst Karl der Große das erfolgsnotwendige politische und organisatorische Fundament schuf, vor allem im deutschen Wortschatz hinterlassen, denn die vorchristlichen germanischen Dialekte hatten für viele zentrale Inhalte der christlichen Religion keine geeigneten Begriffe. Die wohl einfachste Methode der Begriffsübernahme war die vollständige Wortübernahme. Eine Reihe von lateinischen Wörtern wurde in dieser Zeit direkt ins Deutsche übernommen, beispielsweise *Engel* (althochdeutsch *engil* aus lateinisch *angelus*), *Teufel* (althochdeutsch *tiufil* aus lateinisch *diabolus*) oder *Altar* (althochdeutsch *altari* aus lateinisch *altare*). Solche «Lehnwörter» lassen sich leicht identifizieren. Es gibt aber noch einen etwas schwieriger zu erkennenden Einfluss des Lateinischen auf den althochdeutschen Wortschatz, denn vielfach wurden mit deutschen «Bausteinen» komplexe lateinische Wörter imitiert. Man spricht hier von «Lehnbildungen». Beispiele wären *allmächtig* (althochdeutsch *almahtig* aus lateinisch *omnipotens*) oder *Gehorsam* (althochdeutsch *(gi)hôrsami* aus lateinisch *oboedientia*). Und schließlich nutzten die frühen Missionare auch die Möglichkeit, bereits in der Volkssprache vorhandene Wörter mit neuen Bedeutungsinhalten sozusagen «aufzufüllen». In solchen Fällen spricht man von «Lehnbedeutung». So kannten die vorchristlichen Germanen bereits das Wort *Himmel* (althochdeutsch *himil*, dazu schon im Gotischen des 4. Jahrhunderts *himins*), verbanden damit aber ganz andere Vorstellungen als die christliche Religion. Für die heidnischen Germanen war der Himmel lediglich das Himmelsgewölbe, das sich hoch über ihren Köpfen befand. Die Vorstellung, dass es sich dabei um einen jenseitigen Ort handelt, an dem sich der Thron Gottes befindet, der von Engeln und irgendwann auch von erlösten Menschenseelen bevölkert wird, war ihnen fremd. Auch das Wort *Gott* (althochdeutsch *got*, vgl. auch englisch *god* und schwedisch *gud*) kannten schon die heidnischen Germanen. Allerdings verbanden sie auch damit eine ganz andere Vorstellung als die christlichen Missionare. *Gott* gehört ursprünglich wohl zum selben Wortstamm wie *gießen*. Zunächst wurde damit wahrscheinlich das Vergossene, das Opferblut, bezeichnet. Das Wort wurde dann sekundär auf den oder die Empfänger des Opfers übertragen.

Lehnbildungen und Lehnbedeutungen sind übrigens keine althochdeutschen Spezialitäten. Es gibt sie auch in der Gegenwartssprache: Unser *Kaugummi* ist dem amerikanischen *chewing gum* nachgebildet, und das im Deutschen schon lange vorhandene Wort *Rechner* wird fast nur noch mit der (Lehn-) Bedeutung von *Computer* verwendet. Mit Mission und Christentum hat beides nichts mehr zu tun.

10. Zeigt das heutige Deutsch noch Spuren von Minnesang und Artusdichtung?
Walther von der Vogelweide, Heinrich von Veldeke, Hartmann von Aue, Wolfram von Eschenbach, Heinrich von Morungen, Gottfried von Straßburg und eine ganze Reihe weiterer Autoren, die in wenigen Jahrzehnten vor und nach 1200 produktiv waren, haben lyrische, teilweise auch epische Werke von höchstem

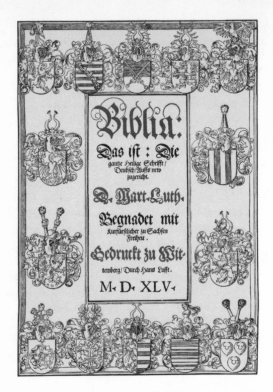

Titel der Lutherbibel 1545

Rang hinterlassen. Jedoch wie diese Dichter im Alltag gesprochen haben, wie sie sich – quasi «off stage» – in Herbergen, in der Badstube oder auf der Jagd ausdrückten, können wir nicht wissen, denn die erhaltenen Texte lassen kaum Rückschlüsse auf die Umgangssprache der Zeit um 1200 zu.

Umso besser kennen wir die Sprache ihrer literarischen Werke. Diese Sprache ist hoch artifiziell und zeichnet sich durch ein ganz besonderes Vokabular aus. Ein Charakteristikum ist der beträchtliche Anteil französischer Lehnwörter, was damit zu erklären ist, dass um 1200 die Adelskultur des westlichen Nachbarlandes in all ihren Facetten das leuchtende Vorbild für die höfischen Kreise in Deutschland war. Ein wichtiger Bestandteil dieser Kultur war die Dichtung. In der Helden- und Artusepik kämpfen Ritter gegen menschliche und übernatürliche Feinde. Da auch die literarischen Vorlagen oft französisch waren, ist es nicht verwunderlich, dass insbesondere Ausdrücke für ritterliches Equipment (z. B. *Harnisch, Panier* und *Lanze*) um 1200 aus dem Französischen entlehnt worden sind. Ritter übten sich im *Turnier*; der Sieger wurde mit einem *Preis* geehrt. *Turnier* und *Preis* (und eine beträchtliche Anzahl weiterer Wörter, die großenteils mit dem Untergang der Ritterkultur wieder außer Gebrauch kamen) haben französische Wurzeln.

Viele Musikinstrumente kamen aus Frankreich oder über Frankreich aus dem Orient. Mit Instrumenten wie *Flöte, Posaune, Schalmei, Tamburin* wurden gleich die Bezeichnungen übernommen. Sogar das deutsche Wort *tanzen* stammt aus dem Französischen. Das alles sind sicher keine exklusiven Literaturwörter, sondern sie waren auch im realen Leben in Gebrauch. Und teilweise sind sie es bis heute.

Kennzeichnend für die höfische Literatursprache um 1200 sind aber auch ganz spezifische Verwendungen von Wörtern, die schon lange zuvor im Deutschen vorhanden waren, dann aber von den Literaten der Zeit um 1200 mit ganz neuen Bedeutungen verwendet wurden. Beispiele für diese Wortgruppe sind *Minne, Ehre* oder *Treue* (in mittelhochdeutscher Form *minne, êre, triuwe*). Mit *minne* meinte man im älteren (vorhöfischen) Mittelhochdeutschen jede Art von Zuneigung, die körperliche, sexuelle Liebe ebenso wie die fromme Gottesliebe. Was die einzelnen höfischen Dichter damit meinten, lässt sich nun allerdings nicht in wenigen Worten definieren. Überspitzt kann man wohl sagen, dass der gesamte Minnesang nichts anderes ist als der Versuch, *minne* zu definieren. Das Wort steht für das von ethischen Idealen bestimmte, niemals unproblematische Verhältnis eines Ritters zu (s)einer Dame. Das Wort *Ehre* (mittelhochdeutsch *êre*, althochdeutsch *êra*) meinte zuerst ‹Prestige, Ansehen›: Bei den Dichtern der mittelhochdeutschen Klassik wurde auch dieser Begriff stärker mit ethischen Vorstellungen verbunden. Ein Artusritter (und jeder reale Adelige, der sich die entsprechenden Ideale zueigen machte) musste *êre* als innere Qualität erwerben, erhalten und gegebenenfalls verteidigen. Äußere Werte wie Reichtum und Ansehen konnten nur noch Symptome dafür sein, waren aber nicht mehr mit *êre* gleichzusetzen. *Treue* ist ein alter Rechtsbegriff. Althochdeutsch *triuwa* stand für die Stabilität eines Lehensverhältnisses: Der in der gesellschaftlichen Hierarchie weiter unten Stehende war dem über ihm Stehenden zu Abgaben und Gefolgschaft verpflichtet. Im Gegenzug war der oben

Stehende verpflichtet, dem aufgrund der von Gott herrührenden Weltordnung unter ihm Stehenden (zumindest im Idealfall) die Lebensgrundlage zu geben und zu sichern. Dieses ursprünglich rechtlich begründete Gegenseitigkeitsverhältnis wurde dann in ein ethisches umgedeutet, wobei das Oben und Unten erhalten blieb: Oben in dieser neu definierten Hierarchie stand die Dame, unten der Ritter.

Dass *Ehre* und *Treue* für uns heute moralische Begriffe sind, ist (bei allem Wandel der damit verbundenen Vorstellungen) doch letztlich vom Wortverständnis eines Walther von der Vogelweide oder Gottfried von Straßburg in die Wege geleitet. Das Wort *Minne* allerdings war für Jahrhunderte aus der deutschen Sprache verschwunden und ist durch *Liebe* ersetzt worden. Erst in der Romantik, als man sich für Rittertum und Minnesang begeistern konnte, wurde es wieder entdeckt und neu belebt.

11. Zeigt das heutige Deutsch Spuren der mittelalterlichen Mystik? Im Epilog seines Romans «Der Name der Rose» lässt Umberto Eco den alten Adson von Melk im Angesicht seines nahen Todes schreiben: *Gott ist ein lauter Nichts, ihn rührt kein Nun noch Hier ... Ich werde versinken in der göttlichen Finsternis, in ein Stillschweigen und unaussprechliches Einswerden ... in diesem Abgrund wird auch mein Geist sich verlieren und nichts mehr wissen von Gott noch von sich selbst noch von Gleich und Ungleich noch von nichts gar nichts. Und ausgelöscht sein werden alle Unterschiede, ich werde eingehen in den einfältigen Grund, in die stille Wüste, in jenes Innerste, da niemand heimisch ist. Ich werde eintauchen in die wüste und öde Gottheit, darinnen ist weder Werk noch Bild.*

Umberto Eco hat sich als Kenner der mittelalterlichen Theologie und Philosophie hier reichlich aus dem Wort- und Bilderschatz der deutschen Mystiker bedient. Doch wer oder was waren die Mystiker überhaupt? Es waren fromme und gelehrte Leute wie Mechthild von Magdeburg († 1282), Meister Eckhart († 1328) und Johannes Tauler († 1361). Sie waren alles andere als weltfremde Träumer, sondern gehörten zu den führenden Intellektuellen ihrer Zeit und haben, weil sie sich in ihren Schriften vielfach ihrer Muttersprache bedienten, dem Deutschen neue Ausdrucksmöglichkeiten erschlossen. Typisch für die Sprache der Mystiker sind beispielsweise Substantivierungen wie im Eco-Zitat *ein lauter Nichts* und *kein Nun noch Hier, ein Stillschweigen und unaussprechliches Einswerden*. Für das allmähliche «Einswerden» der menschlichen Seele mit Gott verwendeten die Mystiker Präfixverben in bildhafter Weise (bei Umberto Eco *ver-sinken, sich ver-lieren, aus-löschen, ein-gehen, ein-tauchen*). Mystisches Erleben ist nicht mit Begriffen und Ausdrücken der Alltagssprache zu beschreiben, deshalb häufen sich in Mystikertexten negative Bildungen wie *unaussprechlich* oder überhaupt negative Aussagen wie *da niemand heimisch ist* oder *weder Werk noch Bild*. Weitere Charakteristika, die in dem kurzen Zitat zufälligerweise nicht vorkommen, sind Verben mit *ent-*, die immer ausdrücken, dass die mystische Seele sich aus den verschiedenartigen Bindungen loslöst, Verben also wie *entsinken, entschweben, entformen, entwerden.* Im Gegensatz dazu beziehen sich Verben mit *ein-* wie *einfließen, eingehen, einbilden* auf die Vereinigung von Seele und Gott. Negativ sind auch Adjektive mit *-los* wie *bildlos, endlos, grundlos, formlos.* Innere Vorgänge werden häufig mit Abstrakta auf *–ung* (mittelhochdeutsch *–unge*) bezeichnet wie *Bewegung, Begreifung, Schauung, Betrachtung.* Viele dieser Wortkonstrukte sind im Laufe der Zeit in die populäre Sprache der Volksfrömmigkeit übernommen worden und dann von dort mit veränderter Bedeutung teilweise in die profane Alltagssprache. Wenn wir heute Wörter wie *Einfluss, einbilden, grundlos* oder *formlos* verwenden, dann gebrauchen wir, ohne dass wir uns dessen überhaupt bewusst sind, Wörter, die zuerst von mittelalterlichen Mystikern geprägt worden sind.

12. Hat der Buchdruck die deutsche Sprache verändert?

Als um die Mitte des 15. Jahrhunderts in Mainz Johannes Gutenberg († 1468) auf die geniale Idee kam, eine Weinpresse in eine Druckerpresse umzufunktionieren, leitete er eine Medienrevolution ein, deren Folgen sich durchaus mit den Wirkungen der heute neuen elektronischen Medien vergleichen lassen. Von da an konnten Texte (wenigstens theoretisch) unbegrenzt vervielfältigt werden. Vor Gutenbergs Erfindung bestand die einzige Möglichkeit, einen Text zu kopieren, darin, dass man ihn mühsam von Hand abschrieb. Man darf allerdings nicht vergessen, dass die Voraussetzung für den Buchdruck eine andere Technologie war, nämlich die der Papierherstellung, die schon lange in China und im arabischen Kulturraum (deshalb auch schon in Spanien) bekannt war, nicht jedoch in Mitteleuropa, wo man im ganzen Früh- und Hochmittelalter auf teurem Pergament, das aus Tierhäuten gewonnen werden musste, schrieb. Diese Ressourcen waren natürlich sehr begrenzt. Im deutschen Sprachraum verwendete man Papier seit dem späten 14. Jahrhundert. Die erste Papiermühle nahm 1390 in Nürnberg die Produktion auf. Bald aber folgten weitere, und schon im 15. Jahrhundert wurde mehr auf (billiges) Papier als auf (teures) Pergament geschrieben. Ohne Papier hätte Gutenberg das Druckverfahren mit beweglichen Lettern nicht erfunden (und erst gar nicht erfinden müssen). Es sollte allerdings noch einige Zeit dauern, bis das Potenzial des Buchdrucks erkannt wurde, denn die «Inkunabeln» oder «Wiegendrucke» – so bezeichnet man die Druckwerke vor 1500 – imitierten vielfach noch die Handschriften. Sie wurden oft noch manuell illustriert oder mit schmückendem Beiwerk wie Blätterranken oder Farbinitialen versehen. Massenproduktion war auf diese Weise noch nicht möglich. Erst um 1500 – nun spricht man von «Frühdrucken» – wurden wirklich hohe Auflagen gedruckt. Jetzt setzte mit Macht die «Medienrevolution» der frühen Neuzeit ein. Drucker verfolgten kommerzielle Interessen und waren deshalb an möglichst hohen Absatzzahlen ihrer Bücher interessiert. Sie versuchten also in einer Zeit, als es noch keine verbindlichen lexikalischen und grammatischen Normen gab, ein möglichst überregional verständliches Deutsch zu verwenden. Das heißt: Nürnberger, Wittenberger oder Basler Drucker verbreiteten nicht den jeweils eigenen Stadt- oder Landschaftsdialekt, sondern waren darauf bedacht, solche Sprachformen zu wählen, von denen sie annehmen konnten, dass sie auch in entfernteren Gegenden verständlich waren.

Die Drucker waren zudem ein wesentlicher Faktor im Zusammenhang mit den konfessionellen und politischen Auseinandersetzungen der zwanziger und dreißiger Jahre des 16. Jahrhunderts. Sie fertigten nicht nur umfangreiche Bücher, sondern auch Flugblätter (einseitig bedruckte, teils großformatige Einzelblätter) und Flugschriften (aus mehreren beidseitig bedruckten Blättern zusammengebundene Heftchen kleineren Formats). Damit konnte kurzfristig zu aktuellen Themen Stellung genommen werden. Solche kleinen Druckerzeugnisse fanden teilweise rasanten und großräumigen Absatz und trugen vermutlich noch mehr zur überregionalen Verbreitung bestimmter Sprachformen bei als voluminöse, teure Bücher. Martin Luther machte sich die neue Vervielfältigungstechnik im großen Stil zunutze. Der überregionale Sprachausgleich hatte zwei Seiten: Die Drucker mussten sich für bestimmte Sprachformen entscheiden, das heißt, zwischen mehreren im Gesamtsprachraum vorhandenen Varianten auswählen. Die Leser (oder auch die zahlreichen Leseunkundigen, denen vorgelesen wurde) lernten ihrerseits durch die Druckschriften Sprachformen kennen, die nicht mit denen identisch waren, die sie in ihrer alltäglichen Redeweise verwendeten. So trugen also zwei technische Neuerungen an der Schwelle vom Mittelalter zur Neuzeit dazu bei, dass sich im deutschen Sprachraum, der über Jahrhunderte hinweg in eine ganze Reihe unterschiedliche, teils stark voneinander abweichende Dialekte gegliedert war, schließlich eine relativ einheitliche Schrift- und Hochsprache herausbildete. Diese beiden Neuerungen waren die Papierproduktion und der Buchdruck. Der Weg dahin war allerdings lang, beschwerlich und alles andere als gradlinig.

13. Ist Martin Luther der Schöpfer der deutschen Sprache? Wer bei Google die Stichwörter «Luther», «Schöpfer» und «deutsche Sprache» eingibt, landet umgehend auf einer Website, auf der er erfährt, Martin Luther habe 1522 auf der Wartburg das Neue Testament aus dem Griechischen übersetzt. «Dadurch» – so wörtlich – «wird Luther zum Schöpfer der neuhochdeutschen Schriftsprache». Ganz so simpel ist es freilich nicht. Ein einzelner Mensch konnte nicht mit einem einzigen Buch zum «Schöpfer» einer Sprache avancieren, auch nicht Luther mit dem Neuen Testament. Auch vor seiner Zeit – Luther lebte von 1483 bis 1546 – sprachen die Menschen in Deutschland Deutsch, nicht etwa irgendein dubioses, unstrukturiertes Kauderwelsch, und nicht wenige waren sogar in der Lage, verständliches Deutsch zu schreiben. Allerdings zerfiel der Sprachraum in eine ganze Reihe von Dialekten, Unterdialekten usw. Das ist heute nicht grundsätzlich anders. Der Unterschied ist nur, dass die heutigen Dialekte von den Alpen bis an die Küsten von einer verbindlichen Hochsprache mit festen orthografischen, phonetischen und grammatischen Regeln und einem in zentralen Bereichen einheitlichen Wortschatz «überdacht» werden. Diese standardisierte Schriftsprache «oberhalb» der Dialekte entstand in einem langen Ausgleichsprozess, der sich über Jahrhunderte hinzog und schon lange vor Luther einsetzte. Bereits im 14. Jahrhundert zeigt sich, dass professionelle Schreiber in fürstlichen oder großen städtischen Kanzleien (Wien, Regensburg, Augsburg, Nürnberg, Erfurt, Dresden, Meißen) sorgsam darauf achteten, dass ihnen keine provinziellen Sprachformen aus der Feder flossen. Die Buchdrucker des späten 15. und des 16. Jahrhunderts konnten sich solche Entwicklungen bereits zunutze machen und daran anknüpfen. Luther selbst sagt in einer seiner Tischreden: *Ich rede nach der sächsischen Canzeley, welcher nachfolgen alle Fürsten und Könige in Deutschland; alle Reichsstädte, Fürsten-Höfe schreiben nach der sächsischen und unsers Fürsten Canzeley, darum ists auch die gemeinste* (d. h. allgemein akzeptierte) *deutsche Sprache. Kaiser Maximilian, und Kurf. Friedrich, H. zu Sachsen etc. haben im römischen Reich die deutschen Sprachen also in eine gewissen Sprache gezogen.* Er nennt also ganz klar seine Vorbilder: Die Sächsische Kanzlei (nämlich die seines Landesherrn), daneben aber auch die Kaiserliche Kanzlei in Wien. Luther selbst wäre deshalb wohl der Letzte gewesen, der für sich in Anspruch genommen hätte, die deutsche Sprache «erschaffen» zu haben.

Aber dennoch ist der Reformator von Bedeutung für die allmähliche Herausbildung der heutigen deutschen Schriftsprache. Er war kein Erfinder einer ganzen Sprache, aber er kannte von seinen weiten Reisen, durch persönliche Kontakte, aufgrund umfangreicher Korrespondenzen und nicht zuletzt durch ein enormes Lektürepensum die im deutschen Sprachraum nebeneinander bestehenden Sprachvarietäten. Und er kannte, wie er selbst von sich sagte, die Schreibpraxis der großen Kanzleien. In seinen Schriften (den Bibelübersetzungen von 1522, 1534 und 1545, im Kleinen und Großen Katechismus, seinen zahlreichen Flugschriften, Kirchenliedern und anderen literarischen Werken) konnte er von alledem profitieren. Dadurch, dass Martin Luther sich die bereits laufenden Entwicklungen mit erstaunlichem Gespür für das Richtige zueigen machte, verstärkte er zugleich deren Wirkung. Wenn man schon ein Etikett für die Rolle Luthers in der deutschen Sprachgeschichte braucht, dann gewiss nicht «Schöpfer», sondern eher «Katalysator».

Die Bedeutung Luthers für die deutsche Sprachgeschichte wurde in der Germanistik lange Zeit von konfessionellen Standpunkten aus beurteilt. Protestantische Gelehrte neigten dazu, die Bedeutung des Reformators enorm hoch zu veranschlagen. Jacob Grimm urteilte, Luthers Sprache müsse in *ihrer edlen, fast wunderbaren reinheit, auch ihres gewaltigen einflusses halber, für kern und grundlage der neuhochdeutschen sprachniedersetzung* (gemeint sein dürfte «verbindliche sprachliche Norm») *gehalten werden, wovon bis auf den heutigen tag nur sehr unbedeutend, meistens zum schaden der kraft des ausdrucks abgewichen worden ist.* Die katholische Gegenposition wollte Luther am liebsten jegliche Bedeutung für den Fortgang der Entwicklung absprechen. So schreibt Virgil Moser, der vor etwa einem Jahrhundert unbestritten

Wichtiges zur Erforschung der deutschen Sprache in der frühen Neuzeit beigetragen hat, die Auffassung, Luther habe entscheidenden Anteil an der Entwicklung des Deutschen, sei *nur eine schöne fiktion der anhänger der reformation, weshalb denn auf die zeugnisse von ihrem hohen ansehen, die noch dazu meist von parteiischen gewährsmännern herrühren, nur wenig zu geben ist.* Mittlerweile sieht man in der Forschung die Dinge entspannter und wohl auch realistischer.

14. Seit wann siezt man sich im Deutschen? Schon in den ältesten Quellen des Deutschen gibt es Belege für Höflichkeitsanreden. In den «Pariser Gesprächen» des 10. Jahrhunderts, einer kleinen Sammlung von etwas über hundert mehr oder weniger hilfreichen althochdeutschen Konversationsphrasen für Reisende aus Frankreich, die kein Deutsch konnten, finden sich Wendungen wie *Guaz gueten ger, herra* ‹was sagt Ihr, Herr?›. Ein *herra*, also ein Höherstehender, wurde also schon vor mehr als tausend Jahren mit *Ihr* (hier in der Form *ger*) angeredet. Leute, vor denen man weniger Respekt hatte, duzte man, unabhängig davon, ob man sie kannte oder nicht. Ein Beispiel aus derselben Sammlung wäre *Gauathere, latz mer serte* ‹Gevatterin, lass mich vögeln› (dabei ist ‹Gevatterin› natürlich eine plump-vertrauliche Anrede). Bei höflichem *Ihr* gegenüber gewöhnlichem *du* blieb es im ganzen Mittelalter. Erst in der frühen Neuzeit, besonders in der Barockzeit änderten sich die Umgangs- und folglich auch die Anredegepflogenheiten. Zu *du* und *Ihr* kam als weitere Anredemöglichkeit das Pronomen der 3. Person (also *er* bzw. *sie*). Das galt bis ins 19. Jahrhundert, in besonders konservativen Milieus sogar noch länger. Wenn Goethes Faust das vorübergehende Gretchen mit den Worten anspricht *Mein schönes Fräulein, darf ich wagen, meinen Arm und Geleit ihr anzutragen?*, dann vermeidet er höflich-distanziert ein in dieser Situation (noch) allzu vertrauliches *meinen Arm dir anzutragen.* Die Anrede mit *er* oder *sie* konnte allerdings auch eine distanzierende Abgrenzung nach «unten» zum Ausdruck bringen wie in *Will Er mir seinen ganzen verfluchten Stammbaum explizieren? ... Scher Er sich zum Teufel!* (C. F. Meyer, Der Schuss von der Kanzel).

Unsere heute übliche Höflichkeitsanrede *Sie* ist nicht mit der femininen 3. Person Singular *sie* zu verwechseln, sondern leitet sich vom geschlechtsneutralen Plural des Personalpronomens her, der ebenfalls *sie* lautet. Die Unterscheidung von *sie* und *Sie* ist natürlich nur in der Schrift möglich, denn Großbuchstaben kann man nicht sprechen. Diese Anredeform wurde im 17./18. Jahrhundert üblich und drückte gegenüber dem ohnehin schon höflichen *Ihr* einen nochmals höheren Grad an Distanzierung nach «oben» aus. Denn mit der 3. Person *Sie* vermied man es respektvoll, einen Adressaten formal direkt anzureden. Man brachte so zum Ausdruck, dass man sich tief unter der Person, an die man sich wandte, einordnete. Im 18. Jahrhundert hatte sich somit eine Skala *er/sie – du – Ihr – Sie* herausgebildet, die jedoch durch eine ganze Palette weiterer Anredepronomina und Titulaturen erweitert und modifiziert wurde. Heute muten uns Anreden wie *höchstderselbe*, *HöchstIhroselben* (u. ä.) monströs bis lächerlich an. Geblieben ist seit dem 19. Jahrhundert *Sie* als Anredepronomen im formellen Umgang von Erwachsenen, die in keinem nahen privaten Verhältnis zueinander stehen. Es wird weder als besonders distanziert empfunden noch kommt im heutigen Deutsch darin eine soziale Unterordnung des Sprechers zum Ausdruck.

Übrigens entspricht das englische Anredepronomen *you* eigentlich dem deutschen *Ihr*. *You* hat das ältere *thou* verdrängt, das die etymologische Entsprechung vom deutschen *du* ist. *Thou* ist nur noch in archaischer Redeweise gebräuchlich, etwa in der Sakralsprache. So gesehen «Ihrzt» man sich, und zumindest etymologisch gesehen ist es falsch zu sagen, man würde sich im Englischen generell duzen.

15. Verändert sich gegenwärtig die Aussprache des Deutschen?

Jede natürliche Sprache unterliegt permanenten Veränderungen, also auch das Deutsche der Gegenwart. Allerdings gibt es Phasen mit relativ langsamen Entwicklungen und solche, in denen rasche Veränderungen ablaufen. Man muss beim Phänomen des Sprachwandels allerdings differenzieren: Meint man Veränderungen im Lautsystem, in der Flexion, im Satzbau, im Bereich des Wortschatzes oder auf der Ebene der Konventionen, an die sich Sprecher zu einer bestimmten Zeit halten? Die Veränderungen auf diesen verschiedenen Sprachebenen werden von den Sprechern selbst auf ganz unterschiedliche Weise wahrgenommen.

Am wenigsten wahrnehmbar für die Sprecher sind Veränderungen im lautlichen Bereich. Hier ändert sich in der Gegenwart auch vergleichsweise wenig. Was sich aber sicher verändert, ist die Toleranz gegenüber individuellen oder auch regionalen Unterschieden. Heute werden mehr Aussprachevarianten akzeptiert als noch vor 50 oder 100 Jahren. Die Frage beispielsweise, ob das Zungenspitzen- oder

Zäpfchen-*r* «falsch» sei, stellt heute kaum noch jemand ernsthaft. Beides gilt als «richtig». Am Wortende «darf» *r* heute wie ein Vokal artikuliert werden oder, je nach vorausgehendem Laut, ganz wegfallen. *Wecker* beispielsweise wird als *Wecka* artikuliert und *Gefahr* als *Gefa* (mit Betonung auf dem langen *a* am Wortende). Es wird auch nicht mehr als «schlampige» Aussprache empfunden und abqualifiziert, wenn jemand Nebensilbenvokale «verschluckt» und das Verbum *haben* beispielsweise als *habm* oder nur *ham* ausspricht, und nicht mit einem vokalartigen Laut in der zweiten Silbe. Auch die altehrwürdige Bühnennorm, die besagt, dass *s* vor Vokalen am Wortanfang stimmhaft auszusprechen sei, gilt nicht mehr.

Diese größere Toleranz hängt unter anderem damit zusammen, dass nicht mehr – wie noch im 19. Jahrhundert – eine zum Pathetischen neigende Theateraussprache als Ideal einer «gebildeten» Redeweise gilt, sondern die Art, wie Rundfunk- und Fernsehmoderatoren artikulieren. Als verbindliche Aussprachenorm ist das jedoch nirgendwo festgeschrieben. Das technisierte Tonstudio von heute erlaubt nicht nur eine andere und weniger artikulationsaufwendige Aussprache als die technikfreie Bühne um 1900, sondern verlangt sie geradezu.

Bei Fremdwörtern setzt sich, ohne dass es normalen Sprechern besonders auffällt, zunehmend die Tendenz zur Anfangsbetonung durch. Man sagt also *generéll* immer weniger *offensív*, sondern *génerell* immer mehr *óffensiv*. Bei Deutschlehrern und Sprachwissenschaftlern ist die Tendenz zu beobachten, von *Súbjekt* und *Óbjekt* zu sprechen, nicht mehr von *Subjékt* und *Objékt*.

16. Verändern sich gegenwärtig die grammatischen Formen?

Mehr Bewegung als im lautlichen Bereich ist auf der Flexionsebene zu beobachten. Zuerst ein Blick auf die Verben. Schon seit Jahrhunderten gibt es die Tendenz, dass starke Verben, d.h. solche, die ihre Stammformen dadurch bilden, dass der Stammvokal wechselt (wie in *biegen – bog* oder *sprechen – sprach*), sich dem Muster der schwachen Verben anpassen. Deren Vergangenheitsformen werden so hergestellt, dass an den Wortstamm ein *-te* oder *-ete* angefügt wird (also *krümmen – krümmte* oder *reden – redete*). Was aber ist mit Fällen wie *fechten* oder *glimmen*? Hier kann man auch als Muttersprachler ins Grübeln kommen, welche Vergangenheitsform richtig ist: *focht* oder *fechtete*, *glomm* oder *glimmte*? Solche Unsicherheiten haben ihren

Grund darin, dass immer mehr starke Verben zu den schwachen «überlaufen». Für eine gewisse Zeit werden jedoch die älteren Verbformen, die noch den Vokal verändern, neben den jüngeren verwendet. Die Unsicherheit ist ein Symptom für Sprachwandel im aktuellen Verlauf.

Auf älteren Sprachstufen waren erheblich mehr Verben «stark» als heute. Eines der berühmtesten Gedichte Walthers von der Vogelweide, in dem er erzählt, wie er nachdenklich auf einem großen Stein saß und über den Gang der Welt nachdachte, beginnt mit folgenden Worten: *Ich saz ûf einem steine und dahte bein mit beine, dar ûf satzt ich den ellenbogen. ich hete in mîne hant gesmogen daz kinne und ein mîn wange.* Das heißt: ‹Ich saß auf einem Stein, und legte ein Bein über das andere: Darauf stützte ich den Ellbogen. Ich hatte in meine Hand das Kinn und meine Wange geschmiegt›. Die mittelhochdeutsche Form *gesmogen* ist längst außer Gebrauch; heute lautet die entsprechende Form *geschmiegt*, die einfache Vergangenheitsform ist *schmiegte*. Der Übergang von immer mehr starken Verben zu den schwachen vollzieht sich langsam, aber kontinuierlich. Jahrhunderte nach Walther plädierte Jacob Grimm noch dafür, die starke Flexion von *bellen* beizubehalten, also zu sagen *der Hund ball* und *er hat gebollen* (nicht *bellte* und *hat gebellt*). Die Entwicklung ist darüber hinweg gegangen. Es ist sicher nur eine Frage der Zeit, bis *focht, glomm, flocht, lud, schlich* veraltet sein werden und es nur noch heißt *fechtete, glimmte, flechtete, ladete, schleichte* usw.

Auch in der Substantivflexion verändern sich die Regeln. Bis ins 20. Jahrhundert hinein galt es beispielsweise als Zeichen gehobener Bildung, wenn man von *Cello* und *Cembalo* den «richtigen» Plural *Celli* und *Cembali* verwendete, nicht *Cellos* und *Cembalos*, oder wenn man *Themata* sagte, nicht *Themen* (und schon gar nicht *Themas*). In der Gegenwartssprache wird bei Fremdwörtern jedoch zunehmend der Plural mit *-s* akzeptiert.

Das Dativ-*e* bei Maskulina und Neutra hält sich nur noch in festen Fügungen wie *das Kind im Manne* oder *eine Unschuld vom Lande*. An vielen Gartentoren sind Schilder mit der Aufschrift *Vorsicht vor dem Hunde* befestigt. Aber üblicherweise gibt man im ganzen *Land* einem *Mann* zur Begrüßung die Hand, und man geht mit *dem Hund* spazieren. Auf dem Rückzug befindet sich auch das Genitiv-*s*, und zwar vor allem bei Tages- und Monatsnamen. Man hört und liest immer häufiger *am Anfang des Januar* oder *am Morgen des Donnerstag* (nicht mehr *des Januars* und *des Donnerstags*). Auch Bezeichnungen von Sprachen verlieren das Genitiv-*s* (deshalb: *die Bedeutung des Latein* oder *ein Verfechter des Esperanto*).

17. Verändert sich gegenwärtig der deutsche Satzbau? Auch auf der Satzebene laufen in der Gegenwartssprache Veränderungen ab. Dabei kann man – etwas vereinfacht – sagen, dass heute zunehmend Konstruktionen, die für die gesprochene Sprache typisch sind (und keineswegs neu sein müssen), auf das geschriebene Deutsch durchschlagen. Diskrepanzen zwischen einem sprech- und einem schreibsprachlichen Satzbau gab es seit jeher, doch wurden syntaktische Konstruktionen, die als typisch für die gesprochene Umgangssprache galten, besonders im 19. und 20. Jahrhundert als «schlechtes Deutsch» abgewertet. Gehobenes, «gebildetes» Deutsch hatte sich an Maßstäben der Literatursprache zu orientieren, und es galt als ein Ideal, ad hoc und in freier Rede «druckreif» formulieren zu können.

Ein Beispiel: Wenn man eine Frage formuliert wie *Welche syntaktischen Konstruktionen sind gegenwärtig dabei, sich durchzusetzen?* so verwendet man mit *sind … dabei* plus Infinitiv eine Konstruktionsweise, die es noch gar nicht lange gibt. Im Unterschied zum Englischen hat das Deutsche nämlich keine Verlaufsform bei Verben. Im Englischen dagegen ist es ein Unterschied, ob man sagt *my son plays football* oder *my son is playing football*. Im ersten Fall trifft man eine Aussage über ein Hobby des Sohnes, im zweiten Fall darüber, was er gerade jetzt im Moment tut. Das Deutsche hat sich mit Konstruktionen wie *am* oder *beim Fußballspielen/Kochen/Zeitung lesen sein* eine entsprechende Möglichkeit geschaffen, die vielleicht (noch) als umgangssprachlich gilt, auf längere Sicht aber wohl allgemein akzeptiert werden wird.

Fast außer Gebrauch gekommen ist der Relativsatzanschluss mit *welcher*. Einen Satz wie *Die Gestalt eines nackten kleinen Mädchens, welche … ihre Händchen in koketter Keuschheit auf der Brust kreuzte …* (Thomas Mann, Tonio Kröger) würde heute kaum noch jemand so formulieren. Eher würde man schreiben *eines Mädchens, das ihre Hände auf der Brust kreuzte*. Und zumindest im mündlichen Sprachgebrauch wäre es auch möglich zu sagen *eines Mädchens, was ihre Hände auf der Brust kreuzte*. Schriftsprachlicher Standard ist zwar nach wie vor der Relativsatzanschluss mit *der, die, das* (oder flektierter Formen davon). Im mündlichen (und im nicht formellen schriftlichen) Sprachgebrauch setzt sich aber zunehmend die Verknüpfung mit *was* durch.

Ein rotes Tuch für manchen sprachbewussten Zeitgenossen sind nach wie vor mit *weil* eingeleitete Kausalsätze, bei denen das Prädikatsverb nicht am Ende steht, also Sätze wie *ich bleibe heute zuhause, weil draußen regnet's*. Das ist nicht erst im gesprochenen Deutsch der Gegenwart üblich. Allerdings sperrt sich die standardsprachliche Norm dagegen. Dabei ist die Entwicklung nur natürlich und die syntaktische Struktur in sich schlüssig. Die Duden-Grammatik verzeichnet in der aktuellen Auflage (S. 631) das Phänomen zwar, schränkt aber ein: «nur in der gesprochenen Sprache». Eine Lizenz auch zur schriftlichen Verwendung gibt sie nicht. Generell kann man sagen, dass *weil* zunehmend so verwendet wird wie ehedem die Konjunktion *denn*. Mit *denn* werden (allerdings vorwiegend in der Schriftsprache) zwei gleichgeordnete Sätze verbunden, von denen der zweite das begründet, was im ersten gesagt wird: *Von nun an blieben sie Kumpane, denn das versprachen sie einander gegenseitig* (Joseph Roth, Die Legende vom heiligen Trinker).

Die Tatsache, dass sich syntaktische Strukturen der mündlichen, umgangssprachlichen Kommunikation auch in der geschriebenen Sprache ausbreiten, hängt ganz wesentlich damit zusammen, dass öffentliche Diskurse heute viel mehr als früher in nicht-schriftlichen Massenmedien (Fernsehen, Internet) stattfinden. Solange der Sprachstil einer genormten Literatur- und Schriftsprache auch als Ideal zumindest für die formelle Mündlichkeit galt, konnten typische sprechsprachliche Strukturen nur schwer akzeptiert werden. Dass heute in den verschiedenen Medien Sprecher aller sozialen Schichten tatsächlich «zu Wort» kommen, hat zur Folge, dass strukturelle Normen zunehmend an Verbindlichkeit verlieren.

18. Wie und warum verändert sich gegenwärtig der deutsche Wortschatz? Die Feststellung, dass sich in unserer Gegenwart der deutsche Wortschatz verändert, ist geradezu trivial, denn schließlich wird man ständig mit Wörtern konfrontiert, die man vorher noch nie gehört oder gelesen hat. Beispiel 1: Im Herbst 2009 beherrschte eine Epidemie, die in unzutreffender Weise als *Schweinegrippe* bezeichnet wurde, die Schlagzeilen. *BSE*, *SARS* und *Vogelgrippe* waren samt ihren Bezeichnungen aus dem öffentlichen Bewusstsein und folglich aus dem aktuellen Sprachgebrauch schon fast verschwunden. Beispiel 2: Man bekommt im Internet die Möglichkeit geboten, etwas sowohl *herunter* als auch *hoch zu laden*. Menschen, die in jenen fernen Zeiten aufwuchsen, als man sein Dasein noch ohne Computer fristen musste, verlangt das die Bereitschaft zum *lifelong learning* ab.

Sehen wir uns die kursiv gedruckten Wörter ein wenig genauer an. *Schweinegrippe* und *herunterladen* haben in sprachlicher Hinsicht etwas Wichtiges gemeinsam: Beide setzen sich aus schon vorhandenen Einzelteilen zusammen. *Schweinegrippe* aus zwei Substantiven, *herunterladen* aus einem Adverb und einem Verb. «Neue» Wörter können also in der Weise hergestellt werden, dass man «alte» Wörter kombiniert. Auf diese Weise können Dinge, Vorgänge oder Sachverhalte, die neu in unserer Umwelt in Erscheinung treten, auch neu benannt werden. Dabei muss sich die Bedeutung des neuen Wortes nicht unbedingt aus der Summe der Einzelteile ergeben, sondern neue Wörter können aus alten Bestandteilen zusammengesetzt werden, ohne dabei transparent zu sein: *Schweinegrippe* beispielsweise war nicht die *Grippe von Schweinen*, sondern eine für Menschen ansteckende Grippevariante (und somit weniger ein Fall für den Tierarzt als für den Hausarzt). *Herunterladen* ist im Gegensatz zu *auf-* oder *abladen* keine körperliche Tätigkeit, sondern passiert vorzugsweise sitzend im körperlichen Ruhezustand. Auch die Richtungsangaben *hoch* und *herunter* sind dabei nicht «wörtlich» zu nehmen.

Ein anderer Fall von Wortschatzerweiterung ist die Übernahme aus einer Fremdsprache. Ein sehr häufiger Fall ist der, dass technische Produkte aus dem angloamerikanischen Raum zusammen mit ihren dort üblichen Bezeichnungen übernommen werden. Die Zahl der Beispiele ist unüberschaubar. Man denke nur an Wörter wie *Homepage, Link, Chip, E-Mail, I-pod* usw. Der Wortimport vollzog sich in diesen Fällen gleichzeitig mit dem Sachimport. Das Verfahren als solches gab es zu allen Zeiten. Schon die Germanen übernahmen mit der Steinbauweise von den Römern die zugehörigen lateinischen Wörter wie *murus* und *tegula*. Heute ist daraus *Mauer* und *Ziegel* geworden.

Anders verhält es sich mit dem erwähnten *lifelong learning*. Man könnte dafür natürlich ebenso gut *lebenslanges Lernen* sagen und damit sogar die dreifache *l*-Alliteration beibehalten. Man könnte es aber auch bei *Seniorenstudium* belassen. Dass Bildungsmanager den englischen Ausdruck bevorzugen, hängt sicher damit zusammen, dass das Englische für sich genommen einen gewissen Signalwert hat. Man assoziiert damit unreflektiert Modernität oder Innovation.

Eine weitere Art, den Wortschatz anzureichern, besteht darin,

Wörter abzukürzen wie im Fall von *BSE*. Als in den neunziger Jahren des 20. Jahrhunderts die Angst vor dieser Schaf- und Rinderkrankheit, die möglicherweise auf den Menschen übertragbar sein sollte, den Höhepunkt erreicht hatte, waren die drei Buchstaben in aller Munde. Was sie bedeuteten, dürften die wenigsten gewusst haben: *bovine spongiforme Enzephalopathie*. Hier wurde eine Abkürzung praktisch zum Wort. Solche zu Quasiwörtern avancierende Kürzungen können im Deutschen entstehen (*LMU, MdB, MdL, MdE*), aber genauso wie Fremdwörter schon «fertig» entlehnt werden (*AIDS, PhD, B. A., M. A.* usw.). Es gibt verschiedene Möglichkeiten, Wörter zu kürzen: Man kann wie in diesen Beispielen die Anfangsbuchstaben von Wortgruppen aneinanderreihen, man kann aber auch Wortanfänge (*Uni* für *Universität*) oder Wortenden isolieren. Neuerdings setzt sich auf Briefköpfen und Visitenkarten immer mehr die Kurzform *Fon* für *Telefon* durch, und zwar vermutlich deshalb, weil bereits *Telefax* durch *Fax* abgekürzt wird (warum also nicht parallel dazu *Telefon* durch *Fon*?). Hinzu kommt, dass auch das englische *phone* mit anklingt, was die Abkürzung zeitgemäßer aussehen lässt als altbackenes *Tel.*

Weniger auffallend als Kurz- und Fremdwörter, die sich ja meistens schon durch ungewöhnliche Lautformen und Schreibweisen zu erkennen geben, ist der Wortschatzwandel, der dadurch zustande kommt, dass schon seit langem im Deutschen vorhandene Wörter mit veränderter Bedeutung verwendet werden. Wenn man beispielsweise im Restaurant fragt, ob man mit *Karte* bezahlen kann, wird die Bedienung weder an ein Herz-As noch an eine versandfähige Stadtansicht in DIN A 6 denken, sondern an ein Plastikzahlungsmittel mit Magnetstreifen oder Mikrochip. Das Wort *Karte* hat also, seit die entsprechenden technischen Voraussetzungen bestehen, die Bedeutung ‹elektronisches Zahlungsmittel aus Plastik› angenommen. Besonders kreativ, was die vom sonstigen Sprachgebrauch abweichende Verwendung von Wörtern betrifft, ist die Jugendsprache. Man denke an Wörter wie *geil, krass, Kult, Bringer, Brüller* usw.

Fassen wir zusammen: Der Wortschatz ist der Teilbereich der Sprache, der am schnellsten auf Veränderungen in der uns umgebenden Welt «reagiert». Seit jeher wird das Deutsche um neue Wörter bereichert. Diese können entweder aus einer Kontaktsprache stammen oder aus bereits im Deutschen vorhandenen Bausteinen zusammengesetzt (bzw. gekürzt) sein. Der Wortschatz kann auch dadurch erweitert werden, dass Sprecher vorhandene Wörter mit modifizierter oder veränderter Bedeutung gebrauchen. Die Gründe dafür sind sehr unterschiedlich. Oft müssen ganz einfach neue Wörter für neue Sachen oder Sachverhalte gefunden werden. Weil die Sprache aber nicht nur zur Übermittlung von Informationen dient, sondern von Sprechern (und Schreibern!) auch dazu verwendet wird, sich auf eine bestimmte Weise zu präsentieren, werden Fremdwörter, Wortneubildungen oder vom Gewohnten abweichende Wortverwendungen auch dazu eingesetzt, die eigene Weltläufigkeit zu demonstrieren, charmant oder witzig zu sein oder Emotionen auszudrücken.

19. Ist Sprachwandel gleichbedeutend mit Sprachverfall? Damit eine Sprache als Verständigungsmittel funktionieren kann, muss sie stabil sein. Es dürfen nicht plötzlich neue Laute eingeführt oder willkürlich grammatische Formen abgeändert werden. Die syntaktischen Regeln, nach denen Sätze oder Satzteile zu konstruieren sind, können nicht von heute auf morgen abgeändert werden. Wörter müssen für alle Sprachteilhaber in etwa das Gleiche bedeuten, denn sonst ist keine Verständigung möglich. Plötzlicher und radikaler Wandel darf nicht eintreten. Das wusste schon das Alte Testament. Als größenwahnsinnige Menschen auf den gotteslästerlichen Gedanken verfielen, einen Turm bis in den Himmel bauen zu wollen, konnte Gott das nicht hinnehmen. Er entschloss sich kurzerhand (nach Luther 1545): *Wolauff/lasst uns ernider faren/und ire Sprache daselbs verwirren/das keiner des andern sprache verneme.* Gott sabotierte das Projekt höchst effektiv dadurch, dass er bei der Sprache ansetzte, letztlich also bei der Logistik. Was blieb, war eine Bauruine – und die Sprachenvielfalt.

Es muss nicht unbedingt so plötzlich und nachhaltig kommen wie auf der Großbaustelle zu Babel. Sprachwandel verläuft im allgemeinen so langsam, dass die Verständigung dadurch nicht gefährdet wird. Wenn Menschen ihn überhaupt bemerken, empfinden sie ihn normalerweise als Fehler. Wenn z. B. ein Kind sagt, *ich hab mir die Hände gewascht*, wird es wohlmeinend korrigiert: *Das heißt nicht gewascht, sondern gewaschen.* Dabei hat das Kind nur unbewusst eine Regel überstrapaziert: Es heißt *ich hab geduscht*, also muss es auch *ich hab mich gewascht* heißen. So funktioniert im Prinzip jeder grammatische Wandel. Ob sich eine Veränderung durchsetzt, ist letztlich nur eine Frage der Akzeptanz. Innovationen, die ein Teil der Sprecher vornimmt, empfindet ein anderer Teil als Fehler und wertet sie unter Umständen sogar als Symptome für Sprachverfall. Aber ohne Sprachwandel würden wir heute noch Germanisch oder Althochdeutsch reden. Es gäbe kein Italienisch, Französisch oder Spanisch, sondern – man mag es bedauern oder nicht – nur Latein.

Was als «gut» oder «schlecht» bewertet wird, hängt davon ab, was man als richtig oder ideal ansetzt. Oft ist es nur der eigene Sprachgebrauch oder eine Konvention. Konkret: Es gibt keinen objektiven, das heißt aus der Sprache selbst herzuleitenden Grund etwa für die Konservierung des Dativ-*e* oder einer Vergangenheitsform wie *buk*, ebenso wenig für die Beibehaltung der Endstellung des Prädikatsverbs in *weil*-Sätzen. Es gibt auch kein stichhaltiges Argument gegen die Verwendung von Fremdwörtern wie *Homepage* oder *User*. Alles das ist zwar Sprachwandel, aber kein Sprachverfall.

Problematisch wird es freilich dann, wenn Wörter vorsätzlich suggestiv verwendet werden. Wenn *Anpassung* gesagt wird, aber *Erhöhung* gemeint ist. Wenn an Universitäten im Zusammenhang mit der Umsetzung des «Bologna-Prozesses» behauptet wird, sinnvolle und aussichtsreiche Fächerkombinationen oder Schwerpunktsetzungen seien *nicht studierbar*, wo es letztlich nur um EDV-gesteuerte Verschulung geht. Dann allerdings wirft der Turm von Babel in der Tat einen langen Schatten auch auf die deutsche Sprache.

20. Wie wird das Deutsche in hundert Jahren aussehen?

Um diese Frage umfassend zu beantworten, müsste man eigentlich Hellseher sein. Dennoch kann man mit einer mehr oder weniger großen Wahrscheinlichkeit annehmen, dass sich bestimmte Sprachwandelprozesse, die bereits jetzt zu beobachten sind, fortsetzen werden.

Zunächst einmal die gute Nachricht: Auf jeden Fall wird es das Deutsche noch geben. Die beträchtliche Anzahl von heute ca. 100 Millionen Sprechern garantiert auch dann, wenn der prognostizierte Bevölkerungsrückgang eintreten sollte, einen gewissen Bestandsschutz, mit dem wesentlich kleinere Sprachgemeinschaften nicht unbedingt rechnen können.

Im Wortschatzbereich ist sicher zu erwarten, dass die Fremdeinflüsse zunehmen werden. Die politische und wirtschaftliche Globalisierung wird notwendigerweise auch sprachliche Konsequenzen zur Folge haben. Wichtige Wortschatzbereiche (Technologie, Ökonomie,

Wissenschaftssprache) werden wohl schon in absehbarer Zeit zu Domänen des Angloamerikanischen.

Auf der Ebene der Flexion dürfte es vermutlich dazu kommen, dass die Menge der starken Verben weiter reduziert wird. «Gefährdet» sind vor allem weniger gebrauchte Verben. Man kann heute schon Doppelformen wie *backte* (neu) neben *buk* (alt), *flechtete* (neu) neben *flocht* (alt), *fechtete* (neu) neben *focht* (alt), *sprießte* (neu) neben *spross* (alt) usw. beobachten. Es ist wohl nur noch eine Frage von ein oder zwei Generationen, bis die Formen mit Vokalwechsel von ihren «regelmäßigen» Konkurrenten völlig verdrängt sein werden. Weitere Verben werden sich dem anschließen. Vielleicht heißt es im Jahr 3000 auch *waschte*, *wachste* oder *heißte* und *gewascht*, *gewachst*, *geheißt*. Die entsprechenden Formen sehr häufig verwendeter Verben wie *zog*, *half*, *sprach*, *trug* usw. dürften gegen solche Einebnungen jedoch resistent sein. Ähnliches ist auch für Präsensformen anzunehmen: Heute werden sowohl *backt* als auch *bäckt*, sowohl *flechtet* neben *flicht* und *fechtet* neben *ficht* verwendet. Die Entwicklung könnte dahin gehen, dass neueren Formen, die zum Infinitiv passen (also *backt* mit *a* wie *backen*, *flechtet* und *fechtet* mit *e* wie *flechten* und *fechten*), die davon abweichenden älteren Konkurrenten verdrängen. Ob das Plural-*s* (nach englischem Vorbild) weiter an Boden gewinnt, bleibt abzuwarten. Viele Fremd- und Kurzwörter (*Tanks*, *Lkws*) bilden den Plural bereits heute mit -*s*. Möglicherweise werden die Sprecher bei Substantiven, die Singular und Plural formal nicht unterscheiden, auf dieses Mittel zurückgreifen. In der Umgangssprache kann man heute schon Formen wie *die Mädchens* oder *die Lehrers* hören. Grammatisch legitimiert ist das zwar (noch) nicht, könnte es aber werden.

Was die Syntax betrifft, ist ungewiss, wie sich die Verbstellung in Haupt- und Nebensätzen entwickeln wird. Heute gilt als Regel, dass in Nebensätzen das flektierte Verb am Ende steht. Beispiel: *Ich nehme an, dass sich die Dinge irgendwann in eine bestimmte Richtung entwickeln werden.* Hier steht ganz regelkonform *werden* am Satzende. Die Entwicklung könnte dahin gehen, dass diese Stellungsregularität, wenn nicht aufgegeben, so doch abgemildert wird und eine Abfolge wie *Ich nehme an, dass sich die Dinge in eine bestimmte Richtung entwickeln werden irgendwann* nicht nur in der gesprochenen Sprache möglich, sondern auch in der Schriftsprache toleriert werden.

In Hauptsätzen mit zusammengesetzten Prädikaten (im Perfekt, Futur oder Passiv) zeigt das Deutsche Distanzstellung der verbalen

Teile: *Die Dinge haben sich schon seit Jahren in eine bestimmte Richtung entwickelt.* Hier bilden *haben* und *entwickelt* zusammen das Prädikat, obwohl sie weit auseinander stehen. Sagen kann man bereits heute *Die Dinge haben sich in eine bestimmte Richtung entwickelt schon seit Jahren.* Schreiben sollte man so nicht. Die Dinge könnten sich aber dahin entwickeln, dass solche Konstruktionen nicht mehr als regelwidrig empfunden werden. Voraussetzung ist allerdings, dass auch in der Schriftsprache solche typisch sprechsprachlichen Satzgliedfolgen akzeptiert werden.

Mit Sicherheit werden sich auch die sprachlichen Umgangsformen verändern, also Anrede- und Grußkonventionen und das Dialog- und Konversationsverhalten insgesamt.

Doch wie gesagt: Man müsste Hellseher sein, um sichere Prognosen über Einzelheiten abzugeben. Keine Sprache der Welt entwickelt «sich» unabhängig von den Sprechern, auch nicht das Deutsche. Vieles hängt davon ab, wie sich die Einstellung der Sprecher zu ihrer Sprache gestalten wird, inwieweit schriftsprachliche Normierungen, die beispielsweise in der Schule vermittelt werden, imstande sind, Veränderungsprozesse zu steuern, wie sich die Sprache in den Medien, deren Einfluss sicher noch erheblich zunehmen wird, verändern wird oder welche Einflüsse von außen auf die deutsche Sprache einwirken werden. Hierbei kann die zunehmende Mobilität vieler Sprecher eine Rolle spielen, ebenso Immigration oder über die Medien vermittelter Sprachkontakt.

 ## Varietäten des Deutschen

21. Was sind «Varietäten»? Unter «Varietäten» versteht man in der Sprachwissenschaft regionale, situative, funktionale, auch individuelle Varianten einer Sprache. Jeder weiß, dass jemand aus München anders redet als ein Kölner und der wiederum anders als jemand aus Berlin, und dass ein Berliner anders «klingt» als jemand, der aus Dresden kommt. Sie alle sprechen, wenn nicht verschiedene Dialekte, so doch ein jeweils mehr oder weniger stark regional geprägtes Deutsch. Eine Alltagserfahrung ist es auch, dass Schüler – zumindest unter sich – anders reden als ihre Lehrer und dass es ganz generell sprachliche Generationsunterschiede gibt. Auch unterschiedliche Kommunikationssituationen korrelieren mit bestimmten Sprachausformungen, die man als «Varietäten» bezeichnen kann: Kollegen verwenden tagsüber in einer Dienstbesprechung eine «andere» Sprache als nach Feierabend beim Bier. Sprecherindividuen gehören allerdings nicht einer einzigen Varietät an, sondern können je nach Situation «umschalten». Der sprachwissenschaftliche Terminus dafür ist «Code switching».

Dialekte unterscheiden sich voneinander in lautlicher und grammatikalischer Hinsicht und auch hinsichtlich des Wortschatzes. Was in Hamburg *Water* ist, das ist weiter südlich *Wasser*. Das ist nur ein lautlicher Gegensatz. Beispiel für eine grammatikalische Differenz wäre das Partizip II von *läuten*. In weiten Teilen Bayerns haben die Kirchenglocken *gelitten* (wurden dabei aber nicht beschädigt!). Anderswo haben sie *geläutet*. Einer von zahlreichen Dialektunterschieden auf Satzebene ist der süddeutsche Relativsatzanschluss mit *wo* oder *der (die, das) wo*: In Ludwig Thomas Filserbriefen heißt es: *Das ist ein sichdbares Wunder durch die Krafft des Gebedes, wo einen kleinwinzigen Brofeser zu einem mechdigen Härscher macht.* Übersetzt: ‹Das ist ein sichtbares Wunder durch die Kraft des Gebetes, das einen winzigen Professor zu einem mächtigen Herrscher macht›. Lexikalische Vielfalt zeigen beispielsweise die Berufs- und Handwerkerbezeichnungen der verschiedenen Dialekte. Was in Teilen Süddeutschlands (einschließlich Hessen und Rheinland-Pfalz) der *Metzger* ist, heißt in Österreich *Fleischhacker*, in Thüringen und Sachsen *Fleischer* und in Norddeutschland *Schlachter* oder *Schlächter*.

Dialekte können sich wiederum mit Generationsvarietäten überlagern. Ältere Leute haben ein anderes Verhältnis zum Dialekt als Jugendliche, deren Sprache sich am markantesten durch ihren Wortschatz oder bestimmte Wortverwendungen von der Sprache älterer Generationen abhebt. Auch Fachsprachen haben – allerdings aus ganz anderen Gründen – ihr eigenes Vokabular, teilweise auch spezifische Satzstrukturen. So sind für die Rechts- und Amtssprache lange, komplexe Satzperioden kennzeichnend. Weil vielfach nicht auf konkrete Individuen Bezug genommen, sondern eine allgemeine, abstrakte Aussage getroffen wird, sind hier auch Passivsätze wesentlich häufiger als in anderen Sprachbereichen.

Die deutsche Sprache insgesamt ist also keineswegs ein homogenes Gebilde, sondern sie existiert in vielfältigen Etscheinungsformen – eben in Varietäten.

22. Woher kommen die deutschen Dialekte? Man kann immer wieder die Ansicht hören, Dialekte seien Verfallsformen des Hochdeutschen, irgendwie falsches oder schlechtes Deutsch und auf jeden Fall minderwertig. Nahezu das Gegenteil ist – jedenfalls historisch gesehen – der Fall: Die heutige deutsche Standardsprache hat sich ihrerseits in einem Jahrhunderte andauernden, komplizierten Prozess allmählich aus den Dialekten entwickelt, die sich bis in die Zeit der Völkerwanderung, also an die Grenze von der Antike zum Frühmittelalter zurückverfolgen lassen. Damals bildeten sich auf der Grundlage zahlreicher prähistorischer germanischer Stammessprachen (von denen man allerdings nur wenig Konkretes weiß) beispielsweise das Altsächsische, Altfränkische, Altbairische, Altthüringische und Altalemannische heraus. In der ältesten schriftlichen Überlieferung, also im 8. Jahrhundert, treten ganz deutlich entsprechende dialektale Unterschiede zutage. Auch die damaligen Sprecher haben diese wahrgenommen. Die Dialekte sind jedoch nicht auf ihren archaischen Entwicklungsstufen stehen geblieben, sondern veränderten sich im Laufe der mittelalterlichen und neuzeitlichen Jahrhunderte kontinuierlich weiter. Zwar haben die fränkischen Dialekte von heute nur noch wenig mit der Sprache Karls des Großen gemeinsam, und der Bayernherzog Tassilo würde einen Bayern von heute sicher ebenso wenig verstehen wie der Sachsenherzog Widukind einen Plattdeutsch-Sprecher. Aber dennoch sind die deutschen Dialekte keineswegs Spalt- oder Verfallsprodukte der deutschen Hoch- und Standardsprache, sondern wesentlich älter als diese und letztlich deren historische Grundlage.

23. Welche Dialekte gibt es im deutschen Sprachraum? Der deutsche Sprachraum gliedert sich ganz grob gesagt in drei große Areale: Im Norden liegt der niederdeutsche bzw. plattdeutsche Raum, der sich von den Küsten bis zur Benrather Linie (von Benrath bei Düsseldorf über Kassel und Berlin zur polnischen Grenze) erstreckt. Hier sagt man *Tid, Water, schlapen* und *maken*. In einem breiten mitteldeutschen Streifen, der südlich dieser Linie beginnt, lauten die entsprechenden Wörter *Zeit, Wasser, schlafen* und *machen*. Aber es heißt wie im Niederdeutschen *Pund* und *Appel*. Dieser breite Streifen wird nach Süden bzw. Südosten hin begrenzt von der «Speyerer Linie», die ungefähr von Speyer über Aschaffenburg nach Fulda verläuft und von da ab dann wieder (mit leicht südlicher Neigung) in östliche

Dialektkarte

Richtung abknickt. Südlich davon liegen die oberdeutschen Dialekte, wo es nicht nur wie im Mitteldeutschen *Zeit*, *Wasser*, *schlafen* und *machen* heißt, sondern zusätzlich statt *Pund* und *Appel* auch *Pfund* und *Apfel*.

Das Mittel- und das Oberdeutsche lassen sich wieder deutlich in jeweils eine westliche und eine östliche Hälfte teilen. Durch das Mitteldeutsche verläuft (unter anderem) die *Pund/Fund*-Linie. Westlich davon, im Westmitteldeutschen gilt *Pund*, im Ostmitteldeutschen *Fund*. Diese Trennlinie deckt sich ungefähr mit der heutigen hessisch-thüringischen Landesgrenze. Das Oberdeutsche gliedert sich in das Alemannische im Westen, das vom Elsass bis an den Lech reicht (aber auch die Schweiz sowie das österreichische Vorarlberg umfasst) und das Bairische, zu dem auch der größte Teil Österreichs sowie Südtirol gehören. Da sich die Südtiroler und Österreicher nicht gerne mit Bayern identifizieren, aber dennoch zusammen mit Ober- und Niederbayern sowie der Oberpfalz einen großen historischen Dialektraum bilden, bezeichnet man diesen als «Bairisch» mit «ai». Die «ay»-Schreibung ist für den Freistaat reserviert, in dessen Grenzen auch nichtbairische Dialekte gesprochen werden, nämlich das zum Alemannischen gehörende Schwäbische und das Ostfränkische mit den Zentren Nürnberg, Bamberg, Bayreuth.

Man könnte nun für jeden der genannten dialektalen Großräume diese Gliederung fortsetzen bis hinunter auf die Ebene der einzelnen Ortsmundarten. Gerade in ländlichen Gebieten, die weitab von Verkehrszentren liegen, kann man bis heute die Beobachtung machen, dass sich Dialekte von Dorf zu Dorf um Nuancen unterscheiden.

24. Haben Dialekte eine Grammatik? Alle natürlichen Sprachen – und dazu gehören auch die Dialekte – bestehen aus zwei großen Komponenten: dem Wortschatz und der Grammatik. Eine Sprache ohne Grammatik ist ebenso undenkbar wie eine Sprache ohne Wörter. Stark vereinfachend kann man sagen: Mit dem Wortschatz nehmen die Sprecher Bezug auf die sie umgebende Welt. Die Grammatik regelt, wie die Wörter zu größeren Einheiten bis hin zu Sätzen zusammengefügt werden. Wörter können nämlich nicht einfach aneinander gereiht werden wie Perlen an einer Schnur, sondern sie müssen aufeinander abgestimmt und in einer geregelten Abfolge angeordnet werden. Das lässt sich schon an einem relativ kurzen Satz beobachten. Nehmen wir *Ich habe keine Jacke dabei*. Hier richtet sich *habe* mit seinem *–e* am Ende nach *ich*, nimmt also die 1. Person an. Wäre das Subjekt *du*, so müsste es *hast* heißen. Ebenso richtet sich *keine* in Genus (Femininum), Numerus (Singular) und Kasus (Akkusativ) nach *Jacke*. Wäre das Objekt *Hut*, also ein Maskulinum, dann müsste es entsprechend *keinen* heißen. Das alles ist Grammatik, und das alles gilt in entsprechender Weise für die Dialekte. Im bairischen Dialekt würde der Satz so lauten: *I hob koa Jackn net dabei*. Die Wörter haben zwar andere, eben dialektale Lautungen und Formen (z. B. *hob* statt *habe* und *koa* statt *keine*), aber die Fügung zum Satz verläuft nach ganz ähnlichen Regularitäten wie im Hochdeutschen: Hieße es *du* statt *i*, würde das Verbum ebenfalls eine andere Form annehmen, nämlich *host*. Wäre von einem *Hut* die Rede, dann hieße es *koan Huat*. Auch hier ergäbe sich also eine andere Form als bei *koa Jackn*. Unser Dialektbeispiel weicht jedoch in einem Punkt grammatikalisch (genauer gesagt syntaktisch) von seiner hochdeutschen Entsprechung ab, nämlich in der Art der Verneinung. Negiert wird mit *koa* plus *net* (hochdeutsch *kein* und *nicht*), was im Hochdeutschen nicht möglich wäre. Manche Dialekte, vor allem in Süddeutschland und Österreich, kennen sogar die kumulative Verneinung. Ein Bayer könnte auch sagen *i hob nia koa Jackn net dabei* (‹ich habe nie keine Jacke nicht dabei›). Dergleichen ist keine falsche Grammatik, sondern eben eine Besonderheit der Dialektgrammatik, die zwar von der Grammatik der Standardsprache abweicht, aber dennoch eine Grammatik ist – sozusagen «eine Grammatik von eigenem Recht».

25. Sind Dialekte konservativ? Dialekte werden ausschließlich gesprochen (vom Sonderfall der Mundartdichtung kann man hier absehen). Sie dienen seit jeher zur Nahkommunikation. Sie haben sich seit dem Mittelalter auch verändert, jedoch anders als die sich allmählich herauskristallisierende Schriftsprache, denn die Dialekte sind in ihrer Geschichte nicht durch normative Grammatiken beeinflusst worden. Das hat dazu geführt, dass sie in mancher Hinsicht Entwicklungen durchlaufen haben, die die Schriftsprache in ähnlicher Weise auch hätte nehmen können, wenn sie «gedurft» hätte, das heißt, wenn sie nicht durch konservative (man könnte auch sagen konservierende) Sprachnormierung daran gehindert worden wäre. Solche Entwicklungen sind beispielsweise im Bereich der Lautung Wortkürzungen wie der Schwund von *–e* am Wortende, weshalb es in Teilen Süddeutschlands *Katz*, *Schlang* oder *Sonn* (o. ä.) heißt, nicht *Katze*, *Schlange*, *Sonne*.

Die Flexion ist in den Dialekten teilweise einfacher als in der Hochsprache. Die schwäbischen Dialekte haben z. B. bei den Verben einen Einheitsplural etabliert. Den standardsprachlichen Formen *wir gehen*, *ihr geht*, *sie gehen* entspricht im Schwäbischen *mir/ihr/sie ganged*. Alle süddeutschen Dialekte kennen übereinstimmend nur das Perfekt als Vergangenheitstempus. Das Präteritum ist praktisch «abgeschafft», und damit stellt sich auch gar nicht die Frage, welches Vergangenheitstempus wann korrekt zu verwenden ist. Dialekte haben also in mancher Hinsicht ökonomischere Strukturen ausgeprägt als die Hochsprache, und so gesehen sind sie natürlich auch innovativ.

Andererseits bewahren Dialekte aber auch noch vieles, was im Zuge des Sprachausgleichs nicht in die Standardsprache gelangt ist. Am auffälligsten sind typische Dialektwörter wie beispielsweise im Bairischen *Ertag* ‹Dienstag›, *Pfinztag* ‹Donnerstag›, *wista* ‹links›, *es* ‹ihr›, *enk* ‹euch›. Die beiden Tagesbezeichnungen sind irgendwann zwischen Antike und Mittelalter, also im 5. oder 6. Jahrhundert, ins Bairische gelangt, als für eine gewisse Phase die Goten Nachbarn der

Baiern im Alpenraum waren. Von ihnen wurden die beiden Wörter (und einige andere) übernommen: Das Wort *wista* ist ein altes germanisches Wort, das eine Entsprechung im Isländischen hat, wo ‹links› *vinstri* heißt. Es ist ein Reliktwort, das nichts über eine besondere Nähe des Bairischen zum Isländischen besagt, sondern nur eben am Nord- und Südrand des Gebietes, in dem von alters her germanische Sprachen gesprochen wurden, erhalten geblieben ist. Die Pronomina *es* und *enk* sind uralte Dualformen. Das Indogermanische und das Germanische kannten nicht nur Singular und Plural, sondern eigene Formen für die Zweizahl. Die ursprüngliche Bedeutung von *es* ist ‹ihr zwei› und von *enk* ‹euch zwei›. Im Bairischen haben sich diese Formen erhalten, allerdings mit der Einschränkung, dass sie nicht mehr als Dual gebraucht werden, sondern als Plural, parallel zu hochdeutsch *ihr* und *euch*. Ähnliche Entwicklungen zeigen auch Dialekte am Niederrhein und das Friesische. Dialekte sind in mancher Hinsicht also auch konservativer als die Hochsprache.

26. Sind Dialektsprecher dumm?

Gelegentlich kann man – mehr oder weniger unverblümt – die Meinung hören, Dialektsprechen sei gleichbedeutend mit der Unfähigkeit, Hochdeutsch zu sprechen, und das wiederum sei ein Indiz für mangelnde Intelligenz. Selbstverständlich wird eine solche ebenso falsche wie arrogante Auffassung vor allem von Leuten vertreten, die selber keinen Dialekt beherrschen. Sie rührt daher, dass Mundartsprecher vielfach aus ländlichen Gebieten, abseits der großen Ballungszentren stammen. Dort – sei es auf den Friesischen Inseln oder in süddeutschen Gebirgstälern – können sich Mundarten generell besser behaupten als in Städten, wo ganz verschiedene Sprachvarietäten zusammentreffen, sich überlagern und beeinflussen und dadurch ihre ursprünglichen Konturen verlieren. Dialektsprechen ist deshalb keineswegs ein Indiz für mangelnde Intelligenz. Das Gegenteil ist der Fall. Kinder, deren frühe sprachliche Sozialisation mundartlich geprägt ist, werden in der Schule mit der Standardsprache konfrontiert. Sie wachsen dann in eine Art Zweisprachigkeit hinein: Hochdeutsch in der Schule, Mundart zu Hause (Sprachwissenschaftler bezeichnen das als «Diglossie»). Sie müssen lernen, damit umzugehen. Für sie ist das eine größere Herausforderung als für ihre dialektfrei aufwachsenden Altersgenossen. Was diese Kinder zusätzlich zur standarddeutschen Aussprache, Grammatik und Lexik lernen müssen, ist die richtige Wahl des

«Sprachregisters». Das heißt: In welcher Kommunikationssituation ist Mundart das angemessene Medium, wann ist es die Standardsprache? Wann kann man eventuell beide Register in welchem Verhältnis mischen? Diese Herausforderung intuitiv zu bewältigen, erfordert ausgeprägte Sprachkompetenz.

Man darf freilich Dialektsprechen nicht mit dialektal gefärbtem Standarddeutsch verwechseln. Natürlich «verraten» Artikulationsnuancen bestimmter Laute leicht die Herkunft eines Sprechers. Jedem amerikanischen oder französischen Muttersprachler, der ansonsten einwandfreies Deutsch spricht, sieht man es nach, wenn er das mit einem Akzent tut. Wo also sollte das Problem bei Dialektsprechern sein? Schon Goethe wusste: «Jeder Bär brummt nach der Höhle, in der er geboren ist». Kein Bär sollte sich dafür schämen müssen.

27. Gibt es schöne und hässliche Dialekte?

Eine Meinungsumfrage der «Gesellschaft für deutsche Sprache» von 2010 unter etwas mehr als 1800 Personen über 16 Jahren, welchen Dialekt sie schön finden (im Internet abrufbar unter *http://de.statista.com/statistik/daten/studie/109/umfrage/beliebte-dialekte*), ergab, dass die meisten Befragten (ca. 35%) Bairisch für die schönste Mundart halten, gefolgt von Plattdeutsch (mit ca. 30%). Nur 10% konnten sich für das Sächsische erwärmen. Am Ende der Skala steht Pommerisch, was aber wenig besagen dürfte, weil der Dialekt von Pommern (wahrscheinlich ist ohnehin Vorpommern gemeint) in der öffentlichen Wahrnehmung längst nicht so präsent ist wie das Bairische, Sächsische oder Berlinerische. Auf die entgegengesetzte Frage, welchen Dialekt man überhaupt nicht ausstehen könne (*http://de.statista.com/statistik/daten/studie/109/umfrage/unbeliebte-dialekte*), antwortete etwa die Hälfte, und damit praktisch die absolute Mehrheit, das Sächsische. Deutlich dahinter mit jeweils 18% landeten Bairisch und Berlinerisch auf der «Unbeliebtheitsskala».

Worauf sich Sympathie und Antipathie gründen, geht aus den Statistiken allerdings nicht hervor. Und das ist kein Zufall, denn es gibt überhaupt keine rationalen Kriterien – jedenfalls keine sprachlichen. Dass das Sächsische so schlecht wegkommt, hängt sicher mit der Geschichte zusammen. Ein wichtiger Gesichtspunkt (wenn auch gewiss nicht der einzige) ist der, dass man Sächsisch nach wie vor mit einstigen SED-Größen oder Schikanen an der innerdeutschen Grenze assoziiert, mit Bairisch hohen Freizeitwert inklusive Biergarten, Oktoberfest und Skivergnügen. Mit Sprache hat das alles nichts zu tun. Kein Dialekt ist an sich schön oder hässlich.

28. Ist Plattdeutsch wirklich «deutsch»?

Zeitlich parallel zum Althochdeutschen wurde in Norddeutschland Altniederdeutsch gesprochen, das sich davon in lautlicher, grammatikalischer und auch lexikalischer Hinsicht deutlich unterschied. Weil weite Teile des heutigen Nordrhein-Westfalens, Niedersachsens und Sachsen-Anhalts altes sächsisches Stammes- und Siedlungsgebiet sind (aus dem übrigens auch die ottonischen «Sachsenkaiser» stammten), bezeichnet man diese frühe Phase auch als «Altsächsisch». Im Spätmittelalter wanderten Siedler aus den Altlanden in Richtung Osten ab und brachten ihre Dialekte in die Gebiete des heutigen Brandenburgs, nach Mecklenburg und Pommern. Seit dem 13. Jahrhundert werden dort mittelniederdeutsche Mundarten gesprochen. Auch die Bürger in den Hansestädten und die Kaufleute sprachen natürlich Mittelniederdeutsch, und in dieser Sprache wickelten sie ihre Handelskorrespondenz ab, dokumentierten ihre Geschäftsvorgänge, schlossen Verträge und besiegelten sie mit Urkunden. Auch Stadt- und Landrechte wurden in mittelniederdeutscher Sprache kodifiziert. Das älteste deutsche Gesetzbuch, der im frühen 13. Jahrhundert verfasste *Sachsenspiegel,* ist auf Mittelniederdeutsch geschrieben. Daneben entwickelte sich auch eine reichhaltige Literatur: Gelehrte Autoren verfassten Chroniken und Heiligenlegenden und übersetzten sogar die Bibel. Das Mittelniederdeutsche in Lübeck, Hamburg, Schwerin, aber auch weiter landeinwärts in Goslar, Hildesheim, Magdeburg und Halle war somit auf dem besten Wege, sich langfristig neben dem Mittelhochdeutschen als Schrift- und Literatursprache zu etablieren. Dass es dazu nicht kam, hat mehrere Ursachen: Im 16. Jahrhundert ging es mit der Hanse steil bergab, und süddeutsche Städte wie Augsburg, Nürnberg oder – nicht ganz so südlich – Leipzig erlangten größere wirtschaftliche Bedeutung als die alten Hansestädte. Die Reformation breitete sich von Süden her nach Norddeutschland aus und damit auch die hochdeutsche Luthersprache. Leute, die es sich leisten konnten, schickten ihre Söhne zum Studium an süddeutsche Universitäten. Alles das führte dazu, dass das Hochdeutsche auch in Norddeutschland zur verbindlichen Schriftsprache wurde. Das Niederdeutsche wurde ab dem 17. Jahrhundert sozusagen in die Mündlichkeit abgedrängt und kaum noch geschrieben. Seither bezeichnet man diese Dialekte als «plattdeutsch». Dabei hat «platt» zunächst eine positive und eine negative Bedeutung: Es konnte «verständlich, ungeziert» bedeuten, aber auch «grob, minderwertig». Beide Male ist der Kontrast zum dominierenden Hochdeutschen mitgedacht, wenn auch auf unterschiedliche Weise. Die plattdeutschen Mundarten gehören zum deutschen Sprachraum. Sie leben heute wie andere Dialekte auch unter dem großen Dach der hochdeutschen Schrift- und Standardsprache. Hätte sich aus der mittelalterlichen Hansesprache ähnlich wie in den Niederlanden eine eigenständige moderne Literatursprache entwickelt (dazu hätte allerdings auch die politische Geschichte anders verlaufen müssen), dann wäre Plattdeutsch heute keine deutsche Mundart.

29. Spricht man in Österreich Deutsch? Die in Österreich gesprochenen Dialekte sind Varietäten des Deutschen (vom «österreichischen Dialekt» im Singular zu sprechen, wäre falsch). Österreich ist abgesehen von etlichen slowenischen und ungarischen Sprachinseln in Kärnten und in der Steiermark ein Teil des deutschen Sprachraumes. In historisch-dialektaler Hinsicht sind die meisten österreichischen Mundarten bairisch (nicht bayrisch!). Man darf politische Grenzen nicht mit Sprachgrenzen verwechseln.

Zweifellos weisen die österreichischen Dialekte, die zwar stark vom Zentrum Wien her beeinflusst und geprägt sind, aber nicht damit gleichgesetzt werden dürfen, eigene Charakteristika auf. So zeigen beispielsweise Wörter, die im Standarddeutschen Diphthonge (*ai* oder *au*) aufweisen, in den österreichischen Dialekten weithin Langvokale: Standarddeutschem *kein* entspricht *kān* (mit langem hellem *a*); wo die Standardsprache *au* hat, gilt vielfach langes dunkles *a*, also *Bāch* für *Bauch*. Das sind zwar sehr deutliche lautliche Varianten, die aber ähnlich auch in verschiedenen Dialekten auf deutschem Staatsgebiet vorkommen.

Auch im Wortschatz weichen österreichische Dialekte teilweise markant vom Standarddeutschen ab: Der *Pate* ist der *Göd*, die Patin die *Go(d)n*, man *beeilt sich* nicht, sondern man *tummelt sich*, die *Tomaten* sind *Paradeiser* (oder *Paradäsa* mit langem *ä*), die *Quecke*, ein lästiges Gartenunkraut, heißt bezeichnenderweise *Baier*, man trägt keine *Mütze*, sondern eine *Haubm*, und der Ofenqualm zieht nicht durch den *Kamin* ab, sondern durch den *Rauchfang*. Wer sich in Wien nicht unbeliebt machen will, sollte darauf achten, dass er (oder sie) sich im

Koféhás («Kaffeehaus») nur ja keine *Sahne* bestellt, sondern *Schlog-obers*! Die Beispiele ließen sich mühelos vermehren. Allerdings: Die meisten dieser Wörter sind keine exklusiven «Austriazismen», sondern kommen auch in Teilen des benachbarten Bayern vor, manche auch darüber hinaus.

Ein eindeutiges Indiz dafür, dass man in Österreich Deutsch spricht, ist jedoch allein schon die Tatsache, dass Schulkinder in Graz, Wien, Salzburg und Bregenz am Jahresende eine Note im Fach «Deutsch» im Zeugnis stehen haben – nicht in «Österreichisch»!

30. Spricht man in der Schweiz Deutsch? Wer als Deutscher ohne Vorkenntnisse in Basel, Bern oder Zürich Einheimische reden hört, kann leicht den Eindruck bekommen, es handle sich um eine Fremdsprache. Die phonetischen und teilweise auch lexikalischen Unterschiede sind so groß, dass man vom Höreindruck her nicht vermuten würde, es mit Deutschsprechern zu tun zu haben. Zu den Besonderheiten in der Lautung und im Wortschatz kommt auch eine deutlich andere Satzmelodie und eine hartnäckige Betonung auf der ersten Silbe (z. B. *Zéde* für *CD* und *Dévaude* für *DVD*). Greift man dann jedoch zur «Neuen Zürcher Zeitung» lösen sich alle Zweifel an der Zugehörigkeit der deutschsprachigen Schweiz zum deutschen Sprachraum in Nichts auf: Würde nicht oben auf der ersten Seite in großen Lettern der Name der Zeitung prangen, dann könnte es ebenso gut die «Frankfurter Allgemeine» oder die «Neue Osnabrücker Zeitung» sein (jedenfalls der Sprache nach). In Texten von Friedrich Dürrenmatt und Max Frisch kann man vielleicht schweizerdeutsche Spurenelemente finden. Sprachprobleme gibt es nicht. In der Schweiz wird also ebenso wie in Deutschland und Österreich Deutsch geschrieben. Und insofern, als die Schweiz an der deutschen Schriftsprache partizipiert, gehört sie auch zum deutschen Sprachraum. Dass per Verordnung der Buchstabe ß abgeschafft wurde, tut da nichts zur Sache.

Aufgrund der historischen Entwicklung und der geopolitischen Lage haben sich die in der Schweiz gesprochenen Dialekte über Jahrhunderte hinweg anders entwickelt als beispielsweise das benachbarte Schwäbische oder das Bairische. Eine wichtige Ursache der heutigen sprachlichen Situation war die politische Ablösung der Schweiz vom Deutschen Reich, die schon im Mittelalter (zunächst aufgrund antihabsburgischer Bewegungen) begann. Das Ende des 30-jährigen

Krieges bedeutete eine wichtige Etappe auf dem Weg zur politischen Selbständigkeit. Die vollständige Souveränität wurde nach dem Abzug der Truppen Napoleons (1813) erreicht. Im Revolutionsjahr 1848 erhielt die Schweiz ihre eigene Bundesverfassung. Die beiden Weltkriege förderten bei den Bewohnern die Neigung auch zur sprachlichen Abgrenzung von Deutschland.

Es war also ein langer historischer Weg, der die Schweiz de facto zur Zweisprachigkeit geführt hat. Heute verwendet man in fast allen Bereichen der Mündlichkeit (auch weitgehend im Fernsehen und im Radio) das für deutsche Ohren nur schwer verständliche Schweizerdeutsche. Geschrieben wird jedoch Standarddeutsch (und auch die Schweizer Schüler bekommen wie ihre österreichischen Altersgenossen eine Deutschnote). Die Frage, ob man in der Schweiz Deutsch spricht, müsste man eigentlich mit nein beantworten. Die Frage, ob man Deutsch schreibt, mit ja.

31. Sterben die Dialekte aus? In den Medien hört oder liest man immer wieder, dass es um die deutschen Dialekte schlimm bestellt und ihr Ende nahe sei. Solch pessimistische Prognosen werden auch häufig mit der Sorge verbunden, dass mit den Dialekten bald auch alle regionalen Identitäten und jedes heimatverbundene, warme und herzliche menschliche Miteinander unwiederbringlich verloren sein werden. Wer den Dialekten das Totenglöcklein läutet, müsste aber erst einmal sagen, was er unter einem Dialekt versteht, und welchen Dialekt er dahingehen sieht.

Man darf Dialekte nicht mit musealen Lebenswelten verwechseln. Die traditionelle Dialektologie, wie sie von Mecklenburg über Hessen und Thüringen bis Bayern betrieben wurde, griff grundsätzlich auf die ältesten noch befragbaren Sprecher zurück. Von diesen erhoffte man sich authentische Auskünfte über die lokalen «Basismundarten». Darunter verstand man die Dialekte vor allem ländlicher, möglichst abgelegener Gebiete, die keinen «störenden» Einflüssen ausgesetzt waren. Gewährsleute sollten ihr langes Leben am selben Ort und möglichst auch in einem «bodenständigen» Beruf, am besten in der Landwirtschaft, zugebracht haben. Stadtmundarten waren bei einer solchen Sicht der Dinge bereits Dialekte zweiter oder dritter Klasse. Aber: Sprachen existieren nicht losgelöst von ihren Sprechern. Wenn sich die Welt, in der diese leben, verändert, dann verändert sich zwangsläufig auch ihre Sprache. Begriffe – etwa aus der traditionellen Landwirtschaft oder althergebrachter Handwerke – geraten in Vergessenheit. Nichts ist natürlicher, denn auch Dialektsprecher leben nicht unter einer kulturhistorischen Käseglocke oder unter einem sozialen Kommunikationsfilter, sondern im dauernden Austausch mit Menschen aus anderen Gegenden. Auch in einstigen Fischerdörfern entlang der Nord- und Ostseeküste und in abgelegenen Alpentälern liest man Zeitung, sieht fern und benutzt das Internet. Die natürliche Folge davon ist Anpassung an die Standardsprache. Wörter und Wendungen, die nur in einer Ortsmundart oder einem engen Regionaldialekt verwendet und verstanden werden, eignen sich für die Kommunikation über den Ort oder die Region hinaus ebenso wenig wie orts- oder regionalspezifische Lautungen. Man mag es bedauern, dass beispielsweise bayerische Kinder *tschüss* sagen statt *pfiaddi* und *Donnerstag* statt *Pfinztag*. Dieser Prozess ist nicht mehr aufzuhalten. Aber ist deshalb der bayerische Dialekt tot und die Heimat keine Heimat mehr? Wohl nur dann, wenn man eine statische Vorstellung davon hat, was ein Dialekt ist (oder sein sollte). Wenn man Dialekten das «Recht» zugesteht, das sich Sprachen (und folglich auch Dialekte) ohnehin von selbst nehmen, nämlich sich im Lauf der Zeit kontinuierlich zu verändern, dann besteht fürs Totenglöcklein kein Anlass. Allerdings ist abzusehen, dass die Dialekte auf längere Sicht in großräumigen Regionalvarietäten aufgehen werden.

Überall in Deutschland werden (oder wurden) Dialekte gesprochen. Vieles hängt allerdings davon ab, welche Einstellung einzelne Sprecher, aber auch regionale Gesellschaften zu ihrem Dialekt haben. Hier gibt es ganz erhebliche Unterschiede. In Süddeutschland haben Dialekte einen anderen Stellenwert als in Mittel- und Norddeutschland, wo gebietsweise schon vor Generationen die Mehrheit der Sprecher zu einer nahezu mundartfreien Umgangssprache übergegangen sind. Allenfalls in solchen Gegenden kann man den Dialekttod diagnostizieren. Anders liegen die Dinge in Süddeutschland. Hier ist Dialektsprechen im privaten und halböffentlichen Umgang durchaus üblich und trifft keineswegs auf Ablehnung. In noch höherem Maße gilt das auch für Österreich. In der Schweiz, wo nicht nur vier verschiedene Sprachen gesprochen werden, sondern auch eine Vielzahl «deutscher» Dialekte, hat sich sogar eine stark dialektal gefärbte Umgangssprache herausgebildet, die auch in Schulen, Ämtern und in den gesprochenen Medien üblich ist.

Nein, die Dialekte sterben nicht. Sie verändern sich und das heißt, sie werden von ihren Sprechern den veränderten Lebensbedingungen angepasst. Tempo und Intensität der Veränderungen sind regional sehr unterschiedlich. Ungleich sind auch die Situationen, in denen Dialektsprechen, wenn nicht erwünscht, so doch toleriert wird.

32. Warum ist Niederländisch kein deutscher Dialekt? Das Niederländische ist mit dem Deutschen zwar historisch eng verwandt, aber dennoch kein deutscher Dialekt. Im 12. und 13. Jahrhundert unterschieden sich die Dialekte zwischen Maastricht, Amsterdam und Groningen vom gleichzeitigen Mittelhochdeutschen noch nicht stärker als die Mundarten, die in den niederdeutschen Hansestädten gesprochen wurden. Auch nannten die Niederländer im Mittelalter ihre eigene Sprache *dietsch*, *duitsch* oder *duytsch*, was etymologisch dasselbe ist wie *deutsch* und englisch *Dutch*. Aus englischer Perspektive waren Deutsch und Niederländisch bis ins 18. Jahrhundert gleichermaßen *Dutch*; erst dann setzte sich für das Deutsche die Bezeichnung *German* durch. Im Laufe der nachmittelalterlichen Jahrhunderte haben sich die beiden Sprachen in Lautstruktur, Wortschatz und Grammatik jedoch deutlich auseinander entwickelt. Das hat verschiedene Ursachen: Politisch gingen die Niederlande andere Wege als Deutschland. Als Handelsmacht mit großen Häfen und Überseekolonien orientierten sie sich weder wirtschaftlich noch kulturell nach Süddeutschland. Eine Rolle spielte bei alledem auch der niederländische Calvinismus.

Heute kann ein Deutschsprecher ohne niederländische Sprachkenntnisse einem Gespräch zwischen zwei Niederländern nicht folgen. Nun könnte man argumentieren, das sei bei Schweizern oder Plattdeutschsprechern auch nicht möglich, und trotzdem würden Schweizerdeutsch und Plattdeutsch als deutsche Dialekte gelten. Das ist soweit nicht falsch. Der entscheidende Unterschied ist jedoch der, dass die Niederlande über eine eigene historisch gewachsene Schrift-, Literatur- und Nationalsprache verfügen (die historisch gesehen stark auf dem Amsterdamer Dialekt basiert), während in der Schweiz ebenso wie in Norddeutschland die deutsche Schriftsprache als Norm gilt. Konkret: Der niederländische «Volkskrant» schreibt Niederländisch, die «Neue Züricher Zeitung» ebenso wie die «Lübecker Nachrichten» Deutsch.

33. ... und was ist mit dem Friesischen? Friesisch wird heute in Deutschland und in den Niederlanden gesprochen, und zwar auf den Friesischen Inseln, in Nordostholland, in einem Küstenstreifen nördlich von Husum und auf den vorgelagerten Inseln. Ein Stück landeinwärts, zwischen Oldenburg, Leer und Cloppenburg, liegt eine kleine Sprachinsel, das Saterfriesische. Im Mittelalter hatte das Friesische noch eine wesentlich größere Verbreitung als heute. In mancher Hinsicht besteht größere Nähe zum Englischen als zum Deutschen. Vor der Abwanderung der Angelsachsen auf die Britische Insel muss es eine relative sprachliche Nähe zwischen deren Sprache und der der Friesen gegeben haben. In einigen Punkten besteht auch Übereinstimmung mit skandinavischen Sprachen. Die schriftliche Überlieferung des Altfriesischen setzt, sieht man von einigen frühen Runeninschriften ab, erst im Spätmittelalter ein.

Aufgrund deutlicher Eigenheiten in der Grammatik und im Wortschatz sind die friesischen Dialekte keine deutschen Dialekte. Sie unterscheiden sich vom Plattdeutschen ebenso wie vom Hochdeutschen und vom Niederländischen. Sie nehmen insofern eine Sonderstellung ein, als es keine überdachende Varietät und keine verbindliche Schriftsprache gibt (Dialektliteratur ist etwas anderes). Die Schriftsprache der Westfriesen ist das Niederländische, die der Ostfriesen das Deutsche.

34. Wo spricht man das «sauberste» Hochdeutsch? Es gibt im deutschen Sprachraum keinen Dialekt, der die direkte historische Grundlage der heutigen Hochsprache und deshalb die maßgebliche Varietät wäre. Die einzelnen Sprachregionen waren zu unterschiedlichen Zeiten, auf unterschiedliche Weise und in unterschiedlichem Maße an der Herausbildung des heutigen Hochdeutschen beteiligt. Man kann gelegentlich die Behauptung hören oder lesen, das «beste» oder «sauberste» Hochdeutsch werde im Raum Hannover, Braunschweig, Göttingen gesprochen. Das ist – oberflächlich betrachtet – nicht einmal ganz falsch, hat aber nichts damit zu tun, dass das dort gesprochene Deutsch irgendwann zum Maß aller sprachlichen Dinge geworden wäre.

Es war anders: Im 17. und 18. Jahrhundert spielte das Niederdeutsche als Schreib- und Druckersprache keine Rolle mehr. Die kirchliche Literatur (Bibel, Katechismus, Gesangbuch), das Verwaltungsschrifttum, die frühen Zeitungen, auch die Schulbücher, all das war weitgehend schon im späteren 16. Jahrhundert auch in Nord-deutschland zum Hochdeutschen übergegangen. Der sprachliche Abstand zwischen den traditionellen niederdeutschen Dialekten und diesem «neuen» Deutsch, das man las und schrieb (zunächst aber noch nicht sprach), war beträchtlich. Deshalb bemühten sich Pastoren, Lehrer, Ärzte, städtische und staatliche Bedienstete und überhaupt alle Personen, die auf sich hielten, in ihrer Aussprache möglichst exakt das geschriebene oder gedruckte Deutsch wiederzugeben, um damit ihren höheren Bildungsstatus zu demonstrieren. Die ererbten plattdeutschen Dialekte galten nun als minderwertig: Wer lesen konnte, redete kein Platt. Wer Platt redete, konnte – so der Umkehrschluss – offenbar nicht lesen. Einer der ersten deutschen Sprachwissenschaftler, Johann Christoph Adelung (1732–1806), prägte für diese Sprachvarietät, das pedantische Hochdeutsche bei ursprünglich niederdeutschen Sprechern, die sehr treffende Bezeichnung «Niederhochdeutsch».

Weiter südlich, im Mitteldeutschen, in Sachsen und in Thüringen, war der Abstand zwischen den gesprochenen Dialekten und der geschriebenen Amts- und Kirchensprache nicht so groß. Deshalb gab es zunächst auch keinen Anlass, sich eine künstliche Leseaussprache anzugewöhnen. Im katholischen Süden setzte sich das «Reden nach der Schrift» erst viel später durch. Hier haben die Dialekte bekanntlich bis heute einen anderen Status als in Nord- und Mitteldeutschland.

35. Wer sagt eigentlich, was richtige deutsche Aussprache ist? In früheren Jahrhunderten gab es darüber noch ganz verschiedene und auch kontroverse Auffassungen. Man war sich zwar dessen bewusst, dass im deutschen Sprachgebiet viele regionale Varianten nebeneinander existierten, unternahm auch – eher theoretisch als in der Praxis erfolgreich – Versuche, die Unterschiede zu überwinden, doch erst mit der deutschen Reichseinigung unter Kaiser Wilhelm I. und Otto von Bismarck wurde die Frage, was als allgemein verbindliche Aussprachenorm gelten müsse, zum kulturpolitischen Thema. Allerdings: Ein historisch gewachsenes Zentrum, das in die Provinz hätte ausstrahlen können, gab es in Deutschland (anders als in Frankreich oder England) auch nach 1871 nicht. Oder wie es der Germanist Werner Besch treffend auf den Punkt gebracht hat: «Es gab zwar ein King's English, aber kein Kaiser's German». Normen setzen konnten deshalb am ehesten die Theater als Institutionen mit dem höchsten Kulturprestige. Deshalb war die «Bühnenaussprache» bis ins 20. Jahrhundert das Vorbild in Sachen richtiger Aussprache. Festgeschrieben wurden diese Normen in dem Buch von Theodor Siebs: «Deutsche Bühnenaussprache. Hochsprache. Nach den Ergebnissen der Beratungen zur ausgleichenden Regelung der deutschen Bühnenaussprache, die 1898 in Berlin unter Mitwirkung von Graf von Hochberg u. a. im April 1898 zu Berlin stattgefunden haben. Den Gesang berücksichtigend und mit Aussprachewörterbuch versehen». Auch als das Radio im 20. Jahrhundert immer mehr zum Leitmedium wurde, änderte sich daran noch nichts Grundsätzliches: Nach wie vor deklamierten Rundfunksprecher, die vielfach ihre Ausbildung an Theatern erhalten hatten, abgelesene, also nicht frei gesprochene Texte im Stil des klassischen Theaters. Als «richtig» galt es beispielsweise, *s* am Wortanfang vor einem Vokal (z. B. *Sommer, Sohn, Sand*) stimmhaft auszusprechen. Dem «Zungenspitzen-*r*» wurde der Vorzug gegenüber dem «Zäpfchen-*r*» gegeben. Am Wortende durfte *r* nicht «verschluckt» werden (man musste also z. B. das *r* in Wörtern wie *Bäcker* oder *größer* tatsächlich hörbar aussprechen). Ebenso galt es als Normverstoß, Nebensilbenvokale nicht zu artikulieren (also *gebm* oder *helfn* zu sagen statt *geben* und *helfen* mit vernehmlichem *e* in der unbetonten Silbe). Insgesamt waren solche Normierungen norddeutsch-preußisch geprägt. In Süddeutschland, Österreich und der Schweiz stießen sie auf wenig Gegenliebe. Zudem entstand im späteren 20. Jahrhundert eine neue Situation dadurch, dass der Rundfunk und mittlerweile auch das Fernsehen in wachsendem Umfang Live-Sendungen verschiedenster Formate ausstrahlten. Damit wurden auch spontane Sprechweisen zunehmend akzeptiert, die nicht mit den Bühnennormen konform gingen. Heute sind die Vorgaben des Aussprache-Dudens maßgeblich, die aber insgesamt eine deutlich größere Toleranz gegenüber regionalen und auch individuellen Varianten zulassen als der schon in seiner Diktion autoritäre «Siebs», in dem es z. B. heißt: «der bilabiale Verschlußlaut *p* ist stets gehaucht zu sprechen».

36. Was ist Jiddisch? Aufgrund der Vertreibung der Juden aus Palästina im 2. Jahrhundert entstanden vielerorts in Europa und Asien jüdische Gemeinden, die zwar im Alltag die jeweilige Landessprache übernahmen, aber das Hebräische als Kultsprache weiter pflegten.

Schon im Hochmittelalter entwickelte sich eine spezifisch jüdische Varietät des Mittelhochdeutschen, die hebräische und aramäische Wörter integrierte. Texte wurden auch im hebräischen Alphabet aufgeschrieben. Antisemitische Pogrome, die einen unrühmlichen Höhepunkt im 14. Jahrhundert erreichten, als man den Juden die Schuld an der großen Pest zuschrieb, führten zur massenhaften Abwanderung deutscher Juden nach Osteuropa, vor allem nach Polen, in die Ukraine und ins Baltikum. Dorthin nahmen sie ihre spezifische Variante des Deutschen mit. Im Laufe der Zeit wurden auch slawische Elemente in die Sprache übernommen. Diese Abwanderung vieler Juden aus dem deutschen Sprachgebiet führte zu einer Zweiteilung in ein West- und Ostjiddisch. Westjiddisch sprachen die in Deutschland, Österreich, der Schweiz, den Niederlanden, Belgien und in Norditalien verbliebenen Juden, Ostjiddisch die Emigranten in osteuropäische Länder. Sprachkontakte mit der jeweils umgebenden Bevölkerung führten zur Entstehung weiterer regionaler Varianten. Infolge des 2. Weltkrieges und der an den Juden begangenen Verbrechen hat sich die Zahl der Jiddisch-Sprecher erheblich reduziert. Bis etwa 1940 sprachen europaweit rund 12 Millionen Menschen Jiddisch. Heute wird diese Sprache noch (oder wieder) in jüdischen Gemeinden vieler europäischer Länder und in Übersee gesprochen. Ein Zentrum ist jetzt natürlich der Staat Israel. Die Sprachbezeichnung *Jiddisch* ist relativ jung. Zunächst bezeichneten die osteuropäischen Juden ihre eigene Sprache so. Erst im späten 19. Jahrhundert, nachdem bereits viele europäische Juden nach Amerika ausgewandert waren, wurde der Begriff als *yiddish* ins Englische entlehnt und von dort erst ins Deutsche übernommen.

Der Satzbau des Jiddischen entspricht in seinen Grundregeln dem deutschen. Der Anteil des deutschen Wortschatzes im Jiddischen beläuft sich auf schätzungsweise drei Viertel. Der Rest setzt sich aus hebräischen (z. B. *bass* ‹Tochter›), slawischen (z. B. *bik* ‹Stier›) und romanischen (z. B. *bentschn* ‹segnen›) Elementen zusammen. Das Jiddische zeigt in einigen Details auch deutliche Ähnlichkeiten mit deutschen Dialekten. Wie das Bairische hat es die Pronomina *ets* ‹ihr›, *enk* ‹euch›, *enker* ‹euer›. Mit dem Thüringischen und Sächsischen teilt es Lautformen wie *Appl* ‹Apfel›, *Strump* ‹Strumpf›, *Flaster* ‹Pflaster›. Das Jiddische seinerseits hat auch das Deutsche beeinflusst. Vor allem die Umgangssprache kennt zahlreiche Wörter und Wendungen aus dem Jiddischen. Beispiele sind *Chuzpe*, *mauscheln*, *mosern*, *zocken* oder auch *großkotzig.* Teilweise ist das jiddische Vokabular auch durch das Rotwelsche vermittelt.

37. Was ist Rotwelsch? Rotwelsch ist eine historische Geheimsprache von Landfahrern, Hausierern, Vaganten, Musikanten und anderen Nichtsesshaften am Rande der Gesellschaft. Die Existenz dieser historischen Subkultursprache ist schon für das 13. Jahrhundert nachweisbar, doch gibt es aus dem Mittelalter noch keine authentischen Quellen, denn Rotwelsch-Sprecher konnten überhaupt kein Interesse haben, ihr spezielles Idiom schriftlich zu dokumentieren. Da das Rotwelsche zur Verständigung nach «innen» und gleichzeitig zur Abgrenzung nach «außen» diente, liegt es in der Natur der Sache, dass es sich ständig verändern musste. Die wenigen historischen Dokumente der früheren Neuzeit stammen denn auch alle von Vertretern der Gegenseite, vor allem von Polizei und Gefängnispersonal, die ihrerseits natürlich darauf aus waren, zu verstehen, was sich ihre Klientel zu sagen hatte.

Die Grammatik des Rotwelschen ist deutsch, ebenso die Funktionswörter wie Konjunktionen, Adverbien und Präpositionen. Der bedeutungstragende Wortschatz (vor allem das Inventar an Substantiven und Verben) speist sich aus dem Jiddischen, Althebräischen, romanischen und slawischen Sprachen und der Zigeunersprache. Vieles ist auch deutsch, doch wurde es durch Metaphern, uneigentliche Verwendung, Umschreibung, teils sehr phantasievolle Wortspiele und –verdrehungen unkenntlich gemacht. Je wichtiger ein Wort ist, desto mehr Synonyme gibt es dafür. Für ‹Geld› – selbstverständlich eines der wichtigsten Wörter im rotwelschen Milieu – gibt es die Tarnbezeichnungen *Blech, Eisen, Kies, Mäuse, Moos, Most, Pinkepinke, Zaster.* Deutsch (und bildlich gebraucht) sind in dieser Reihe *Blech, Eisen* und *Kies.* Dagegen sehen *Mäuse, Moos* und *Most* nur deutsch aus. Zugrunde liegt jiddisch *moos* oder *mous,* was ‹Münzen, Geld› bedeutet. Das Wort wurde nur oberflächlich ähnlich klingenden deutschen Wörtern angepasst. *Pinkepinke* ist eine sprachspielerische rotwelsche «Eigenschöpfung», die den Klang von Münzen imitieren soll. *Zaster* stammt aus der Zigeunersprache und bedeutet ursprünglich ‹Metall›. Wenn man weiß, dass *Most* ‹Geld› bedeutet, und auch, dass das rotwelsche Wort *Bartel* keine Kurzform des Namens *Bartholomäus* ist, sondern die (jiddische) Bezeichnung für das Brecheisen, dann versteht man auch den ursprünglichen Sinn der Redensart, *jemandem*

zeigen wo der Bartel den Most holt. Man zeigt ihm – wörtlich genommen – wo das Brecheisen das Geld holt, oder – in heutiger Umgangssprache – wo's langgeht.

Die ursprüngliche Bedeutung der Zusammensetzung *Rotwelsch* ist
nicht sicher geklärt. Klar ist dabei das Wortsegment *welsch*: es bedeutet ‹unverständlich› (ursprünglich ‹romanisch›, also ‹französisch›
oder ‹italienisch›). Problematisch ist *rot-*. Man hat an die Farbbezeich-
nung gedacht. Da das rotwelsche Wort für Bettler *rot* ist (und mit
dem Farbadjektiv nichts zu tun hat), könnte *Rotwelsch* auch ‹unver-
ständliche Bettlersprache› heißen.

38. Was macht eine Fachsprache aus?　Seit dem Mittelalter bildete
sich in zunehmendem Maße eine arbeitsteilige Gesellschaft heraus.
Vor allem in den Städten lebten und arbeiteten ganz verschiedene Ge-
werbetreibende, die teilweise auch in Zünften zusammengeschlossen
waren. Ob nun Gerber oder Weber, Bäcker oder Zimmerleute, sie alle
mussten sich über berufsspezifische Belange verständigen. Arbeitsge-
genstände und -vorgänge mussten präzise und unmissverständlich
benannt werden. Entsprechendes galt für Buchdrucker, Apotheker
und Ärzte, Naturforscher, Juristen und andere Berufe. Die Arbeitspro-
zesse wurden im Laufe der Zeit immer komplexer. Neue Techniken
wurden erfunden, neue Produkte erzeugt, und alles das musste
sprachlich bewältigt werden. Die Folge war ganz selbstverständlich
eine sprachliche Ausdifferenzierung. Fachsprachen entfernten sich
vor allem in ihrem spezifischen Vokabular immer mehr von der Allgemeinsprache. Das Fachvokabular der einzelnen Berufe und Wissenschaften konnte aus Fremdsprachen entlehnt sein. Der Mathematiker
Adam Ries verwendete im 16. Jahrhundert als erster im Deutschen
die lateinischen Begriffe *plus* und *minus*. Musiker griffen auf italienische (wie *Sopran, Alt, Tenor, Bass, Sonate, forte, piano*) oder französische
Termini (z. B. *Gavotte, Bourree, Gigue*) zurück, Mediziner auf lateinische (wie *Muskel, Puls, Pupille, Fraktur*) usw. Eine andere Möglichkeit
war es, aus deutschem Wort«material» neue Bezeichnungen zu kreie-
ren wie z. B. in der mittelhochdeutschen Ärztesprache *bluotfeim* ‹Blut-
schaum›, *viuhtikeit* ‹Feuchtigkeit› oder *saligensuht* ‹Epilepsie›. Eine andere Möglichkeit, die vor allem die Rechtssprache nutzt, ist es, Wörter
der Allgemeinsprache mit einer fachspezifischen (also terminologi-
schen) Bedeutung zu gebrauchen. So verwendet man im nichtjuris-
tischen Sprachgebrauch noch heute *Eigentum* und *Besitz* praktisch

gleichbedeutend. Für den Juristen besteht zwischen beidem ein erheblicher Unterschied: *Besitz* kann auch etwas sein, das nicht *Eigentum* ist, z. B. etwas Gestohlenes. Die Allgemeinsprache unterscheidet kaum zwischen *Mord* und *Totschlag.* Juristisch gesehen sind das zwei sehr unterschiedliche Tatbestände. Die Besonderheiten von Fachsprachen resultieren im Normalfall also aus dem Bedarf an fach- und sachadäquater Ausdrucksweise.

Manche Fachsprachen tendieren allerdings auch dazu, sich zu Gruppensprachen zu entwickeln, indem sie ohne sachliche Notwendigkeit Dinge so benennen, dass sie nur von Insidern verstanden werden (können). Ein Beispiel dafür ist die Jägersprache. Die Augen von Rotwild heißen hier bekanntlich nicht *Augen,* sondern *Lichter,* Blut nicht einfach *Blut,* sondern *Schweiß* usw. Jagdwissen war lange Zeit eine Art von privilegiertem Geheimwissen: Es ging (und geht) um Verständigung nach innen und Unverständlichkeit für Nichteingeweihte. Bei manchen Sportsprachen lässt sich Ähnliches beobachten.

Fachsprachen unterscheiden sich nicht nur im Wortschatz von der Alltagssprache, sondern auch im Satzbau. Die Rechtssprache beispielsweise weist einen wesentlich höheren Anteil an Konditionalsätzen und Passivkonstruktionen auf als die alltägliche Umgangssprache. Die deutsche Verwaltungssprache mit ihren berüchtigten Schachtelsätzen ist dafür nur ein Extrembeispiel.

39. Warum wiehert der deutsche Amtsschimmel oft so absonderlich? Gesetzestexte, behördliche Verlautbarungen und Amtsdokumente jedweder Art müssen notgedrungen so formuliert werden, dass möglichst wenige (oder besser gar keine) nachträglichen Unklarheiten und Auslegungsspielräume offen bleiben. Die Eindeutigkeit der Aussage hat allerdings ihren Preis: Sie muss mitunter durch einen hohen Grad an Satz- und Wortkomplexität erkauft werden, die der Verständlichkeit eher ab- als zuträglich sein kann. Satzkomplexität wird beispielsweise dadurch verursacht, dass Kausal-, Konditional-, Final-, Modal- oder Relativsätze zu unübersichtlichen Schachtelsätzen verquickt werden. Die eigentliche Aussage kann dann leicht vom syntaktischen Gestrüpp überwuchert werden. Wortkomplexität kann zu (typisch deutschen) lexikalischen Bandwürmern wie *Gefahrgutbeförderungsgesetz* oder *Wachstumsbeschleunigungsgesetz* führen. Der Hang zu bürokratischer Explizitheit äußert sich auch in Wortkons-

trukten, für die es wesentlich bessere allgemeinsprachliche Begriffe gäbe. So kennt das Amts(schimmel)deutsch immer noch *Postwertzeichen* statt *Briefmarken, Fahrtrichtungsanzeiger* statt *Blinker*, aber auch *Spontanvegetation* statt *Unkraut*. Zusätzliche Stolpersteine in amtsdeutschen Texten sind häufige Paragraphenverweise, mit denen ein Normalbürger, der über keine verwaltungsjuristische Handbibliothek verfügt, ohnehin nichts anfangen kann. Ein beliebiges Beispiel aus dem deutschen Mietrecht: *Ist die vermietete Sache zur Zeit der Überlassung an den Mieter mit einem Fehler behaftet, der ihre Tauglichkeit zu dem vertragsmäßigen Gebrauch aufhebt oder mindert, oder entsteht im Laufe der Miete ein solcher Fehler, so ist der Mieter für die Zeit, während deren die Tauglichkeit aufgehoben ist, von der Entrichtung des Mietzinses befreit, für die Zeit, während deren die Tauglichkeit gemindert ist, nur zur Entrichtung eines nach den §§ 472, 473 zu bemessenden Teiles des Mietzinses verpflichtet.* Dieser für das Juristendeutsch keineswegs extrem lange oder komplizierte Satz enthält mehrere Nebensätze (Bedingungssätze, Relativsätze), zu Abstrakta geronnene Verben (z. B. *Überlassung, Entrichtung*), eine Gerundivkonstruktion mit integriertem Paragraphenquerverweis (*eines nach den §§ 472, 473 zu bemessenden Teiles des Mietzinses*) – und einen zweimaligen Grammatikfehler: *die Zeit, während deren* ... ist falsch. Richtig wäre *die Zeit, während der.*

Klarheit verlangt mitunter Ausführlichkeit. Das ist unbestritten. Wenn jedoch das kommunikativ Erforderliche in funktionslose Pedanterie umschlägt, die auch noch mit obrigkeitlicher Arroganz und vielleicht auch noch mit sprachlicher Unfähigkeit potenziert wird, dann kann es passieren, dass das Resultat nicht mehr nur unverständlich, sondern schwer erträglich ist.

Woher das Wort *Amtsschimmel* kommt? Man weiß es nicht sicher. Recht deutliche Hufspuren weisen jedoch ins Österreich der K und K-Zeit.

40. Haben junge Leute ein eigenes Deutsch? Wenn man diese Frage stellt, muss man erst einmal präzisieren, welchen Teilbereich der deutschen Sprache man meint. Wenn es um die Grammatik im engeren Sinn geht, wird man kaum nennenswerte Unterschiede zwischen Alters- und Jugendsprache entdecken können. Die Mehrzahl von *Haus* lautet bei 18-Jährigen und bei 80-Jährigen übereinstimmend *Häuser*. Die Perfektform von *ich gehe* ist bei beiden Gruppen *ich bin gegangen*. Hier gibt es keine Generationsunterschiede. Auch das

Lautinventar dürfte so ziemlich dasselbe sein, wenn man einmal davon absieht, dass Jugendliche unter sich etwas schneller sprechen und stärker als ältere Leute dazu neigen, Silben oder einzelne Laute zu «verschlucken». Ältere Leute sprechen, besonders dann, wenn sie selber Hörprobleme haben, tendenziell lauter, deutlicher und langsamer als ihre Enkel.

Ganz erhebliche Unterschiede zwischen dem Deutsch junger und älterer Leute bestehen auf der Wortschatzebene. Einzelne Wörter (wie *geil*, *fett* oder *krass*) können in der Jugendsprache ganz andere Bedeutungen haben als in der Allgemeinsprache. Als typisch jugendsprachlich gelten auch Kurzwörter wie *Spasti* oder *Behindi* für Leute, die generell *uncool* sind (also nicht unbedingt wirklich Spastiker oder Behinderte), ebenso Neuschöpfungen wie *Honk* ‹Dummkopf› oder damit synonymes *Spack*, englische Wörter oder Wörter mit Anlehnungen ans Englische wie *Message* ‹Nachricht›, *relaxen* und *chillen* (beides bedeutet ‹nichts tun›) oder einfach Wortspiele wie *onkidonki*, was nichts weiter ist als eine reimende Abwandlung von *okay*. Mit solchen sprachlichen Besonderheiten wird Unterschiedliches bezweckt. Ein wesentlicher Aspekt ist sicher die sprachliche Abgrenzung gegenüber der Erwachsenenwelt einerseits und – die Kehrseite davon – Identifikation mit der eigenen Jugendszene, der man sich zugehörig fühlt. Hinzu kommt Lust am Sprachspiel und das Bedürfnis, sprachlich originell zu sein. Diese Effekte gehen jedoch verloren, wenn ein Wort oder Ausdruck mehr und mehr in die allgemeine Umgangssprache übernommen wird. Genau deshalb befindet sich die Jugendsprache in einem permanenten Erneuerungsprozess.

Aber ebenso wenig wie «Jugend» oder «junge Generation» klar definierte, homogene Größen sind, ist «Jugendsprache» etwas Einheitliches. Es gibt ganz unterschiedliche Jugendszenen mit jeweils eigenen sprachlichen Charakteristika.

 ## Aussprache und Rechtschreibung

41. Wie viele verschiedene Laute hat das Deutsche? In Relation dazu, was man in einer Sprache ausdrücken kann, ist die Menge der Laute, aus denen sich sämtliche sprachliche Äußerungen zusammensetzen, und zwar Fernsehkrimis ebenso wie Beratungsgespräche oder Liebeserklärungen, minimal. Wenn man die exakte Zahl der Laute angeben will, aus denen letztlich alle Wörter, Sätze und Texte der deutschen Standardsprache bestehen, muss man von individuellen oder dialektbedingten Varianten abstrahieren, also davon, dass beispielsweise *a* im *Wagen* in Österreich deutlich «heller» artikuliert wird als z. B. in Bayern oder Sachsen. Was nur lautliche Varianten sind, kann man dadurch feststellen, dass man Wortreihen (oder mindestens Wortpaare) bildet, die sich nur an einer Position unterscheiden wie beispielsweise *lebe* und *liebe* oder *grob* und *grub*. Der simple Test mit solchen «Minimalpaaren» zeigt, dass *e* und *i*, ebenso *o* und *u* zu einander «in Opposition stehen» (so die sprachwissenschaftliche Ausdrucksweise). Anders gesagt: Sie haben den Status von «Phonemen». Aussprachevarianten ein und desselben Phonems bezeichnet man als «Allophone».

Wenn man also von solchen Allophonen absieht, kann man feststellen, dass das Deutsche fünf Vokale kennt, *a, e, i, o, u*, und zwar in doppelter Ausführung, nämlich kurz und lang. Hinzu kommen drei Diphthonge, also Kombinationen aus zwei Vokalkomponenten, d. h. *ei, au* und *eu* (dass sie unterschiedlich geschrieben werden, besagt nichts für die Lautung). Durch Umlaut entstehen *ä, ö* und *ü*, und zwar wiederum in kurzer und langer Version. Die deutsche Standardsprache kennt also summa summarum 19 Vokalphoneme.

«Minimalpaare», «Oppositionen», «Phoneme» und «Allophone» gibt es ebenso bei den Konsonanten. Konkret: *Ratte* und *Latte* bilden ein Minimalpaar. Folglich sind *r* und *l* Phoneme des Deutschen. Dagegen kennt das Deutsche nur ein einziges Phonem *r*, obwohl ein Teil der Sprecher ein «Zungenspitzen-*r*» realisiert, ein anderer Teil ein «Zäpfchen-*r*». Hierbei handelt es sich um «Allophone», denn egal mit welchem *r* man das Wort *Ratte* ausspricht, man meint stets dasselbe Tier. Die beiden *r* bilden deshalb kein Minimalpaar. Wenn man den Bestand der konsonantischen Phoneme der deutschen Standardsprache feststellen will, muss man von den Allophonen absehen.

Es gibt eine Reihe von Konsonanten, die dadurch gebildet werden, dass ein Hindernis für den Luftstrom schlagartig geöffnet wird. Das ist der Fall bei *b, d, g* und *p, t, k*. Man bezeichnet diese Konsonantenreihe als «Verschlusslaute» (oder auch «Plosive»). Bei *b, d, g* schwingen die Stimmbänder mit. Sie sind folglich «stimmhaft», *p, t, k* dagegen «stimmlos». Eine zweite Konsonantenreihe hat das gemeinsame Artikulationsmerkmal, dass (an verschiedenen Artikulationsstellen) Reibungsflächen gebildet werden, an denen der Luftstrom ein Geräusch verursacht. So entstehen die «Reibelaute» (oder «Frikative») *f*, *w*, *s*, *sch* und *ch*. Kombinationen aus Verschluss- und Reibelauten (*p+f* und *t+s*) sind «Affrikaten» (*t+s* wird meistens als *z* oder *tz* geschrieben). Eine dritte Reihe von konsonantischen Lauten kommt so zustande, dass der Mundraum verschlossen und durch die Nase ausgeatmet wird, während gleichzeitig die Stimmbänder schwingen. Auf diese Weise entstehen die «Nasale» *m*, *n* und *ng*. Dieses ist, obwohl es *n+g* geschrieben wird, keine Konsonantenverbindung, sondern ein einzelnes konsonantisches Phonem. Die Konsonanten *r* und *l* kann man unter dem Sammelbegriff «Liquide» zusammenfassen. Nehmen wir noch den Hauchlaut *h* hinzu, so kommen wir auf 21 konsonantische Phoneme in der deutschen Standardsprache.

42. Warum hat das Deutsche so viele Umlaute?

Um diese Frage beantworten zu können, müssen wir wieder weit in die Sprachgeschichte zurückgehen: Im Althochdeutschen gab es viele Wörter und Wortformen, die in einer unbetonten Endsilbe ein *i*, ein *j* oder ein langes *î* hatten. So lautete beispielsweise der Plural von *gast* ‹Gast› *gasti*, die 1. Person Singular von *hôren* ‹hören› hatte die Form *hôrju*, und vom Adjektiv *guot* ‹gut› wurde ein Abstraktum *guotî* ‹Güte› gebildet. Die *i*, *j* und *î* in den Nebensilben sind Ursache dafür, dass die Vokale in den Stammsilben abgeändert wurden. Denn die damaligen Sprecher haben, während sie in *gasti* das *a*, in *hôrju* das *ô* und in *guotî* das *uo* artikulierten, schon das nachfolgende *i*, *j* oder *î* nicht nur mitgedacht, sondern ansatzweise schon mit artikuliert. Wenn man bösartig wäre, könnte man das als Mundfaulheit bezeichnen. Man verwendet aber besser den wertfreien Ausdruck «Artikulationsökonomie». Die Folge war, dass das *a* in *gasti* zu *e*, das *ô* in *hôrju* zu *œ* (das Zeichen steht für langes *ö*) und das *uo* in *guotî* zu *üe* modifiziert wurden. Auch weitere Vokale unterlagen unter solchen Bedingungen einem Umlaut. So wurde auch *o* zu *ö*, *u* zu *ü*, langes *â* zu *æ*, langes *û* zu *iu* (die übliche historische Schreibung für langes *ü*) und *ou* zu *öu* modifiziert. Da nun die ursächlichen althochdeutschen Nebensilbenvokale *i*, *j* und *î* im Laufe des 11. Jahrhunderts zu mittelhochdeutschem *e* «abgeschwächt» wurden, entsprechen sich z. B. althochdeutsches *guotî* und mittelhochdeutsches *güete* mit Umlaut und *e* am Wortende (woraus später neuhochdeutsch *Güte* wurde), althochdeutsches *ubil* und mittelhochdeutsches *übel*, althochdeutsches *dâhti* und mittelhochdeutsches *dæhte* (heute *dächte*), althochdeutsches *lûti* und mittelhochdeutsches *liute* (jetzt *Leute*), althochdeutsches *ougilîn* und mittelhochdeutsches *öugelîn* (heute *Äugelein*). Die *ä*-Schreibweise in Wörtern wie *Gäste, kälter, älter* statt *Geste, kelter, elter* bürgerte sich übrigens erst in der Neuzeit ein. Sie soll zum Ausdruck bringen, dass *a*-Wörter (*Gast, kalt, alt*) zugrunde liegen. Wo ein solcher Zusammenhang nicht (mehr) deutlich empfunden wird, hat man die *e*-Schreibung beibehalten. Ein Beispiel ist *Eltern*. Etymologisch ist das nichts anderes als ‹die Älteren›. Das Wort wird aber von den Sprechern nicht mehr als Steigerungsform von *alt* empfunden. Unsere heutigen Umlaute gehen also vielfach auf artikulatorische Entwicklungen des Frühmittelalters zurück. Die «Verursacher», das *i, j* oder *î* in den Flexionssilben, sind längst verschwunden. Geblieben ist der Umlaut, der dann, wenn ein Bezug zu einem Wort ohne Umlaut erkennbar ist, orthografisch mit Pünktchen über dem entsprechenden Vokal gekennzeichnet wird, die nichts weiter sind als Relikte eines übergeschriebenen kleinen *e*.

In späteren Jahrhunderten verwendete man einen lautlich «nicht gerechtfertigten» Umlaut vor allem zur Pluralbildung. In Wörtern wie *Mütter, Väter, Brüder, Schwäger, Vögel* war nie ein *i, j* oder *î* als Umlautverursacher vorhanden. Der Umlaut kam ins Spiel, weil sich irgendwann die Regel herausgebildet hat, «wenn du einen Plural brauchst und keine Endung hast, mach einfach Umlaut». Deshalb besteht heute auch die Unsicherheit, wie der korrekte Plural z. B. von *Wagen* oder *Bogen* lautet. *Wägen* und *Bögen*? Oder ohne Unterschied zum Singular *Wagen* und *Bogen*? Die Sprecher haben das ganz natürliche Bedürfnis, den Plural irgendwie auszudrücken. Dazu benutzen sie den Umlaut, der sich in solchen Wörtern ja auch längst durchgesetzt hätte, wenn ihn grammatische Normierungen nicht daran hindern würden.

43. Ist Orthografie Schikane? Im Jahr 1997 veröffentlichte der Deutsch-Brasilianer Zé do Rock den höchst amüsanten Roman *fom winde ferfeelt*, in dem er sukzessive Kapitel für Kapitel Rechtschreib- und Grammatikregeln des Deutschen außer Kraft setzte. Im fortgeschrittenen Stadium kann man z. B. lesen: *fon allen sachen di ich such, sind fraun am swirigsten zu finden ... wenn ma eine frau sucht, is ma ferzweifelt, wenn ma ferzweifelt is, is ma unsicha, wenn ma unsicha is, hat ma bei den fraun keine shanns.* Wer das Buch von Anfang an gelesen und sich an das witzige «Ultradeutsch» gewöhnt hat, hat viel Spaß und wenig Probleme. Ein Modell für deutsche Orthografie ist es trotzdem nicht.

Denn man stelle sich nur einmal vor, es gäbe wirklich keine Rechtschreibregeln. Lesen würde dann zu einer sehr langwierigen Sache, weil es ja nicht bedeutet, dass man ähnlich wie ein Staubsauger Buchstabenreihen aufnimmt und linear-additiv daraus die Wörter und Sätze erfasst (obwohl *lesen* tatsächlich ursprünglich ‹auflesen, aufsammeln› bedeutet hat). Vielmehr erkennt man beim Lesen fertige Wortbilder (wieder). Aus diesem Grund schreibt man beispielsweise auch *Bäume* mit *äu*, nicht *Beume* mit *eu*. Denn so bleibt über das Schriftbild der Zusammenhang der Pluralform mit dem Singular gewahrt und sichtbar. Aber auch demjenigen, der schreibt, kommen orthografische Regeln entgegen, denn ebenso wenig wie Lesen ein fortgesetztes «Auflesen» einer Buchstabenkette ist, ist Schreiben ein bloßes Aneinanderfügen einzelner Lettern. Die Möglichkeit, Wortbilder sozusagen «fertig» abzurufen, erleichtert auch die Schreibarbeit. Orthografie ist also keine Schikane, sondern macht im Gegenteil Lesen und Schreiben leichter. Wenn es keine Orthografie gäbe, würde sie sich über kurz oder lang herausbilden, und zwar einfach deshalb, weil sie eine Notwendigkeit ist. Allerdings: Ob sämtliche geltenden Rechtschreibregeln sinnvoll sind, ist eine ganz andere Frage.

44. Brauch(t)en wir eine Rechtschreibreform?

In den 1990er Jahren wurde heftig, erbittert und keineswegs immer sachlich darüber gestritten, ob man sich z. B. mit dem Thema *Stresssymptome im Einzelnen auseinander setzen müsste* oder wie gehabt – mit *Stressymptomen im einzelnen auseinandersetzen müßte*. Befürworter einer orthografischen Rosskur argumentierten u. a. damit, dass – wie Tests ergeben hatten – nicht einmal Deutschlehrer, Germanistikprofessoren und Berufsautoren das seit der Kaiserzeit gültige Regelgestrüpp der deutschen Rechtschreibung bis in seine letzten Verästelungen durchschauten. Darüber, dass eine Reform der Rechtschreibung überfällig war, herrschte deshalb weitgehend Einigkeit, doch umstritten war, wie weit sie gehen dürfe. Das Ergebnis ist das, was es werden musste, ein Kompromiss. Manche entbehrliche Regel ist zwar abgeschafft worden, z. B. die ß-Schreibung am Wortende und vor Konsonant (also nicht mehr *Fluß* und *du mußt*, sondern *Fluss* und *du musst*). Heute gilt nach Kurzvokalen *ss*, nach Langvokalen und Diphthongen *ß*. Diese sinnvolle Regel ist weitgehend akzeptiert worden. Willkürlich war auch die Vorschrift, *ck* als *k-k* trennen zu müssen (z. B. *Decke* als *Dek-ke*). Jetzt wird *ck* auch in der Trennung nicht verändert, sondern wandert insgesamt auf die neue Zeile (also *De-cke*). Wer in der Schule noch die Regel *eingebleut* (oder auch *eingebläut*) bekam, «trenne nie *st*, denn es tut ihm *weh*», der darf heute sicher sein, dass es weder dem *st* noch der *Schwester* Schmerzen zufügt, wenn *Schwes-ter* getrennt wird. Auch die Dreifachkonsonanz wie in *Stresssymptome* ist nicht nur zulässig, sondern orthografische Regel.

Apropos *einbleuen* und *einbläuen*: Bei mehreren Wörtern wurde die Schreibung vor der Reform mit etymologischen Rücksichten begründet, obwohl die Sprecher intuitiv andere Zusammenhänge herstellten. *Ein-* oder *verbläuen* hat ursprünglich nichts mit der Farbe *blau* zu tun, obwohl sich diese Assoziation anbietet. Vielmehr handelt es sich um ein altes Verbum mit der Bedeutung ‹klopfen, schlagen›. Auch ist ein *Quäntchen* eigentlich kein kleines *Quantum*, sondern leitet sich von lateinischem *quintinum* ‹Fünftel› her. Deshalb schrieb man bis zur Reform *Quentchen* (schon mittelhochdeutsch *quentîn*). Das Adjektiv *aufwändig* ist auf *aufwenden* zu beziehen und wurde deshalb *aufwendig* geschrieben. Doch lag die Vermutung nahe, es handle sich um eine Ableitung von *Aufwand*. Folge war die Schreibung *aufwändig*, die durch die Reform sanktioniert wurde.

Manche Inkonsequenzen der deutschen Rechtschreibung wurden jedoch nicht angepackt, z. B. die, dass man *voll* mit *v* schreibt, aber zugehöriges *füllen* mit *f*. Hierfür lassen sich weder lautliche noch etymologische Argumente geltend machen. Sprachliche Gründe für *f* und *v* in der Orthografie gibt es ohnehin nicht. Dass nach wie vor *Vater vielleicht verreist* (nicht *Fater fielleicht ferreist*), findet seine Begründung einzig in der Tradition.

Der beste Beleg dafür, dass die Rechtschreibreform ein Kompromissprodukt ist, zeigt die Schreibung des Wortes *Orthografie*: Das alte *th* ist beibehalten worden, aber *ph* wurde durch *f* ersetzt. Dass alternativ auch die *ph*-Schreibung zugelassen wurde, macht das nur noch deutlicher. Fazit: Wir brauchten eine Rechtschreibreform – und wir brauchen sie eigentlich noch immer.

45. Seit wann (und warum) schreibt man Substantive im Deutschen groß?
Keine europäische Sprache kennt wie das Deutsche die Großschreibung von Substantiven (im Dänischen wurde sie nach dem 2. Weltkrieg aus Abneigung gegen das Deutsche aufgegeben). Auch auf älteren Stufen des Deutschen bis um 1500 war Kleinschreibung das allgemein Übliche. Die Tendenz zu einer (anfangs noch un-

systematischen) Großschreibung lässt sich seit der Frühen Neuzeit feststellen. Sie diente zur Kennzeichnung von Absätzen, also zur optischen Textstrukturierung, aber auch um Namen und Titel graphisch hervorzuheben. Davon waren naturgemäß vor allem Substantive betroffen, aber auch Adjektive wie *Heilig, Hochwohlgeboren, Gnädig* usw. In den Ausgaben der Lutherbibel lässt sich aber bereits eine zunehmende Tendenz zur grammatisch motivierten Großschreibung beobachten. Derselbe Satz, der 1522 lautete *Die ernd ist gros/der erbeytter aber ist wenig*, erscheint 1545 in der Form *Die Erndte ist gros/der Erbeiter aber ist wenig*. Weitgehend durchgesetzt hat sich die Großschreibung der Substantive (und substantivierter Wörter anderer Klassen wie *das Rennen, die Schöne* oder *kein Wenn und Aber*) erst im 18. Jahrhundert. Doch noch Jacob Grimm sprach sich mit Nachdruck für konsequente Kleinschreibung der Substantive aus. Seine umfangreichen Werke kennen nur die Großschreibung von Satzanfängen und Eigennamen.

Grammatische Argumente für die Großschreibung von Substantiven gibt es nicht. Dass sie im Deutschen bis heute beibehalten worden ist, hat seinen Grund letztlich im konservativen Charakter der deutschen Orthografie. Auch das Argument, Texte wären mit Substantivgroßschreibung leichter zu lesen als mit konsequenter Kleinschreibung, verfängt nicht. Engländer, Franzosen und Italiener haben mit dem Lesen von Texten in ihrer jeweiligen Landessprache keine größere Mühe als Deutsche mit der ihren. Die Schwierigkeiten, die eine Umstellung auf Kleinschreibung mit sich brächte, würden darin liegen, dass man Gewohntes aufgeben müsste. Und das kann schwer genug sein, wie man weiß.

46. Wozu sind Interpunktionsregeln gut? Die Zeichensetzung dient dazu, Sätze und Texte zu strukturieren, und zwar vor allem im Hinblick auf die Interessen des Lesers. Dass Punkt, Ausrufezeichen und Fragezeichen von Nutzen sind, ist leicht einzusehen. Auch Anführungszeichen («Gänsefüßchen») bei wörtlicher Rede, zur Kennzeichnung eines Zitats oder eines uneigentlichen Wortgebrauchs sind relativ einfach zu handhaben und ohne Zweifel zweckmäßig, ebenso der Doppelpunkt, der dem Leser zeigt, dass das Anschließende explizit oder implizit im Vorausgehenden angekündigt ist. Diese Zeichen leisten in der geschriebenen Sprache annähernd Ähnliches wie Stimmführung («Prosodie»), Pausen oder gesprächsbegleitende Gesten in gesprochener Sprache. (Nur nebenbei sei bemerkt, dass sich gegenwärtig in E-Mails und anderen elektronischen Kommunikationsformen mit den Smilies eine völlig neue Art textbegleitender Zeichensetzung etabliert).

Die Crux der deutschen Interpunktion sind zweifellos die Regeln, nach denen Kommas zu setzen sind. Im Deutschen gelten (anders als beispielsweise im Englischen) primär grammatikalische Normen. Hauptfunktion der Kommasetzung ist es, syntaktische Strukturen geschriebener Sätze zu verdeutlichen. Das ist vor allem dann vonnöten, wenn Sätze komplex sind, also Nebensätze und Infinitivkonstruktionen enthalten (Thomas Mann oder das Bürgerliche Gesetzbuch wären ohne Kommas kaum lesbar). Andererseits bereiten die Tücken der deutschen Kommaregeln einem gewissenhaften Schreiber oft mehr Kopfzerbrechen, als sie einem Leser helfen. Hier haben Schulmeister des 19. und 20. Jahrhunderts ganze Arbeit geleistet. Manche Kommaregeln und Kommagegenregeln sind denn auch durch die Rechtschreibreform liberalisiert worden.

47. Woher kam die Sütterlinschrift und warum wurde sie abgeschafft? Viele vor 1960 Geborene sind noch in der Volksschule mit einer Schriftart konfrontiert worden, die heute so gut wie niemand mehr aktiv verwendet, und die auch kaum noch jemand flüssig lesen kann, der Sütterlin- oder Deutschen Schrift. Im 19. Jahrhundert setzte sich diese Schrift in Deutschland mit ganz charakteristischen spitzen Buchstabenformen und -brechungen mehr und mehr gegen «lateinische» oder «französische» Konkurrenten durch. Sie lässt sich aber kontinuierlich auf wesentlich ältere Vorbilder (bis zu Kurrentschriften des 16. Jahrhunderts) zurückführen. Im späten 19. Jahrhundert, nicht zuletzt im Zusammenhang mit Bismarcks Kulturpolitik, die sich gegen Sozialisten, Liberale, künstlerische Avantgarde und andere Kreise wendete, die im Verdacht standen, undeutsche Gesinnungen zu hegen, wurde diese Schrift dann zum Stil- und Ausdrucksmittel deutschnational gesinnter Kreise. Man konnte also schon allein mit seiner Handschrift seine politische Einstellung, seinen deutschen Patriotismus und Nationalismus signalisieren. Da aber auch andere Schrifttypen weiter gepflegt wurden, wurde nach 1900 die Schrift(en)frage zum Kulturpolitikum. Aus der Sicht der schul- und kulturpolitisch Verantwortlichen musste die Schriftenvielfalt beseitigt werden. Im Jahr 1911 debattierte der Reichstag darüber, welche Schrifttypen amtlich anerkannt und in der Schule vermit-

Sütterlin- oder Deutsche Schrift

telt werden sollten. In der Folge wurde eine Art Wettbewerb zwischen Grafikern initiiert, die auf der Basis der althergebrachten Kurrentschrift eine einfachere, aber dezidiert «deutsche» Schriftvariante entwerfen sollten, die auch als Erstschrift für Schulanfänger geeignet war. Erfolgreich war schließlich der Berliner Grafiker Ludwig Sütterlin (1865–1917). Das Ergebnis seiner Bemühungen, eine relativ klare, aber an die konservative Kurrentschrift angelehnte Schreibschrift, wurde 1917 unter dem Titel «Neuer Leitfaden für den Schreibunterricht» präsentiert. 1924 wurde sie zunächst für die Schulen in Preußen verbindlich, 1934 – mittlerweile waren die Nationalsozialisten an der Macht – für das gesamte Reich.

Nach 1945 wurde die Sütterlinschrift von alliierten Kontrollstellen teilweise verboten, nicht zuletzt deshalb, weil sie die Briefzensur erschwerte. Viele Menschen der Kriegsgeneration legten sich gezwungenermaßen eine Mischschrift zu, die Elemente der «lateinischen» mit solchen der «deutschen» Schrift kombinierte. Es war aber, auch ohne alliierte Verbote, nur noch eine Frage der Zeit, bis die «deutsche» Schrift, die schon vor Sütterlin Symbol vaterländischer Gesinnung war, zu einem Indiz für die Rückständigkeit dessen wurde, der sie noch verwendete.

Grammatik

48. Was ist «Flexion»? Flexion ist ein höchst effektives Mittel, grammatische Informationen in einem einzigen, meist kurzen Ausdruckselement zu komprimieren. Das Deutsche gehört zum Typ der flektierenden Sprachen. Ein Beispiel: Die Verbendung -*t* in einer Form wie *(Otto) lieb-t (Maria)* enthält vier grammatische Informationen: (1) 3. Person, (2) Singular, (3) Indikativ und (4) Präsens. Wenn man immer nur eine dieser Informationen verändert, die übrigen aber beibehält, ergibt sich stets eine andere Form. Bildet man z. B. statt der 3. die 2. Person, so ergibt sich *(du) lieb-st* (Singular, Indikativ und Präsens sind geblieben). Im –*st* sind also 2. Person, Singular, Indikativ und Präsens sozusagen «komprimiert». Wenn man den Numerus verändert, also den Plural bildet, ergibt sich *(Otto und Maria) lieb-en (sich)*. Stellt man den Konjunktiv her, so ändert sich erneut die Form des Verbs, und zwar zu *(ich dachte, Otto) lieb-e (Maria)*. Und wenn man schließlich die Zeitstufe verändert, so erhält man *(Otto) lieb-te (Maria)*. Elemente wie –*t*, -*st*, -*en*, -*e*, -*te*, die mehrere grammatische Informationen (bei Verben Person, Numerus, Modus, Tempus) enthalten, bezeichnet man als «Flexive».

Je weiter man in der deutschen Sprachgeschichte zurückgeht, desto reichhaltiger und komplexer werden die Flexionssysteme, und die Flexionsformen werden immer länger. Umgekehrt heißt das: Im Laufe der deutschen Sprachgeschichte ist die Flexion stark zurückgefahren worden. Das Englische, das mit dem Deutschen auf eine gemeinsame prähistorische (germanische) Vorstufe zurückgeht, hat diesen Prozess noch deutlich weiter getrieben. Während es im Deutschen immer noch heißt *(ich) lieb-e, (du) lieb-st, (er, sie) lieb-t, (wir) lieb-en, (ihr) lieb-t, (sie) lieb-en*, existieren im Englischen nur noch zwei Formen. Nur die 3. Person Singular hat noch eine Endung: *she love-s you*. Alle anderen Personalformen sind endungslos und lauten *love*.

Die Flexion der Verben nach Person, Numerus, Tempus und Modus bezeichnet man traditionell als «Konjugation». Substantive,

Adjektive und Pronomina unterliegen der «Deklination» nach Numerus und Kasus. Auch das ist Flexion.

49. Ist das Deutsche eine «schwere Sprache»?

Deutsche Sprache, schwere Sprache ist ein sprichwörtlicher Allgemeinplatz, und zwar nicht nur von Leuten, die versuchen, Deutsch als Fremdsprache zu erlernen, sondern auch von Muttersprachlern. Doch worauf gründet eine solche Fremd- und Selbsteinschätzung? Zunächst einmal muss man sich klar machen, dass «leicht» und «schwer» sehr relative Bewertungen sind und davon abhängen, was die Vergleichsgröße (sozusagen die «Gewichtseinheit») ist. Unterstellen wir einfach, dass es das Englische ist, die im deutschen Sprachraum und weltweit am weitesten verbreitete Fremdsprache.

Ein Argument dafür, dass das Deutsche besonders schwierig sei, ist die nicht ganz leicht durchschaubare Flexion. Manche Verben bilden im Deutschen die Vergangenheitsform durch Anfügen eines *–te* (z. B. *segeln – segelte*). Andere wechseln dazu den Stammvokal im Inneren aus (z. B. *fliegen – flog*). Ähnliches kennt aber auch das Englische (vgl. *sail – sailed*, aber *fly – flew*). Schwierig sind die vielfältigen Pluralformen der Substantive, die nicht vorhersagbar sind, wenn man nur den Nominativ Singular kennt. Warum heißt es *Wurm – Würm-er*, aber *Turm – Türm-e*? Das Englische hat es in diesem Punkt leichter, denn die meisten (aber nicht alle!) Substantive bilden den Plural mit *-s* (*worm – worm-s, tower – tower-s*). Weniger auffällig, aber für Deutschlerner nicht weniger schwierig ist die doppelte Adjektivflexion: Mit Artikel heißt es z. B. im Plural *die rote-n Rosen, der rote-n Rosen, den rote-n Rosen* (das Adjektiv also durchwegs mit *–n*). Aber ohne dabeistehenden Artikel lauten die entsprechenden Adjektivformen ganz anders, nämlich *rot-e Rosen, rot-er Rosen, rot-en Rosen*. Im Englischen gibt es diesen Unterschied nicht. Hier heißt es mit Artikel *the red roses* und ohne ebenfalls *red roses*.

Das Deutsche ist zudem eine ausgeprägte Kompositasprache. Keine unserer Nachbarsprachen kennt Wortungetüme wie *Wachstumsbeschleunigungsgesetz* oder *Winterschlussverkaufssonderangebot*. Dergleichen brachte schon Mark Twain auf die Palme, der sich (allerdings auf sehr witzige Weise) auch darüber echauffieren konnte, dass deutsche Substantive ein «Geschlecht» haben und dass in längeren Sätzen Hilfsverb und Vollverb weit von einander entfernt stehen können. Auch hier kennt das Englische nichts Vergleichbares.

Alles das sind also Eigenheiten des Deutschen, die einem Muttersprachler zwar gelegentlich auffallen, aber jemandem, der Deutsch lernt, durchaus Kopfzerbrechen bereiten können. Das Deutsche ist in diesen (und einigen anderen) Punkten gewiss «schwierig». Andererseits muss man sehen, dass keine natürliche Sprache am Reißbrett entworfen worden ist. Das Deutsche ist wie das Finnische, Japanische oder eben auch das Englische historisch gewachsen und hat deshalb seine eigenen «unlogischen» Regeln, deren Beherrschung als «schwierig» empfunden werden kann.

50. Warum haben deutsche Substantive ein «Geschlecht»?

Man könnte auch konkreter fragen: Warum sind *Mädchen* – als eindeutige Feminina – «sächlich»? Sicher nicht deshalb, weil sie in der Phantasie böser Männer als Sachen oder Gegenstände existieren! Umgekehrt kann ein Mann *eine Person* sein. Manchen männlichen Wissenschaftler würdigt man als *eine Kapazität* (*seines* oder *ihres Faches*?), als Rektor einer Universität wird er zu einer *Magnifizenz*, was ihn aber noch lange nicht zur Frau macht. *Die Sache* ist «weiblich» (nicht «sächlich»!), *der Gegenstand* «männlich» *das Ding* aber «sächlich». Wie geht das alles zusammen? Die Antwort ist einfacher, als man denkt. Es ist so, weil das grammatische Genus nichts mit dem natürlichen Geschlecht zu tun hat.

Woher kommt diese Genusdifferenzierung? Um das Phänomen zu verstehen, muss man sehr weit zurück gehen. Sehr weit, das heißt: bis ins Indogermanische. Auf dieser frühen, prähistorischen Stufe bildeten sich bei den Substantiven sogenannte «Stammklassen» heraus, die, wenn auch modifiziert, im Germanischen ebenso wie im Griechischen, Lateinischen, im Sanskrit und anderen klassischen alten Sprachen weiterlebten. Die Grammatiker des Altertums bezeichneten diese Klassen, die ursprünglich nichts mit natürlichem Geschlecht zu tun hatten, nach prototypischen Wörtern, die darin enthalten waren, als Maskulina, Feminina und Neutra. Dass im Lateinischen Wörter wie *femina* ‹Frau› oder *vacca* ‹Kuh› auf von Natur aus weibliche Wesen (seien es Menschen oder Tiere) bezogen wurden, führte dazu, dass sämtliche Substantive derselben Klasse als «Feminina» bezeichnet wurden, auch solche, die ganz und gar nichts Weibliches an sich haben, wie *camera* ‹Zimmer› oder *materia* ‹Materie›. Diejenigen Substantive, die formal mit *vir* ‹Mann› oder *taurus* ‹Stier›, also prototypisch männlichen Wesen, übereinstimmten, subsumierte man deshalb unter der Kategorie *masculinum*. Was weder zu den «Feminina» noch zu den «Maskulina» passte, packte man in die Verlegenheitskategorie «Neutrum» (was ursprünglich nichts anderes heißt als *ne utrum* ‹keins von beiden›).

Zurück zum Anfang: Warum ist *Mädchen* dann grammatisch «keins von beiden», obwohl es doch von Natur aus «eins von beiden» ist, nämlich weiblich? Das ist deshalb so, weil es sich historisch gesehen um ein Diminutivum (also eine Verkleinerungsform) handelt. Und Diminutiva sind grammatische (!) Neutra. Weil das Deutsche ebenso wie das Lateinische eine Nachfolgesprache des Indogermanischen ist und bei Substantiven auf ganz ähnliche Weise Genera unterscheidet, konnten Grammatiker des Mittelalters die lateinische Klassifikation und Nomenklatur übernehmen. Es gibt keine Deckungsgleichheit von grammatischem Genus und natürlichem Geschlecht. Die Fehlannahme, dass es trotzdem so sei, hat zu viel Verwirrung (und pseudolinguistischem Unsinn) geführt.

51. Warum hat das Deutsche so viele Pluralformen?

Englischsprecher und Englischlerner haben es in einem Punkt leichter: Sie müssen sich kaum Pluralformen einprägen. Die fast zu hundert Prozent gültige Regel lautet: nimm den Singular, füge ein *–s* hinzu, und du hast den Plural. Im Deutschen käme man mit dieser Regel nicht weit. Sie gilt vor allem bei Fremd- und Kurzwörtern wie *Videos* und *VIPs*. Ansonsten muss man Pluralformen von Substantiven im Laufe des kindlichen Spracherwerbs «so» mitbekommen oder, wenn man sich Deutsch als Fremdsprache aneignet, für einzelne Wörter oder auch größere Wortgruppen eben lernen. So lautet – das nur zur Illustration – der Plural von *Amsel Amseln* (mit *-n*), von *Spatz Spatz-en* (mit *-en*), von *Habicht Habichte* (nur mit *-e*), von *Schwan Schwäne* (mit *-e* und zusätzlichem Umlaut), von *Huhn Hühner* (mit *-er* plus Umlaut), von *Uhu Uhus* (mit *-s*). Dem *Adler* ist keine Pluralendung vergönnt. Ob einer oder mehrere, es heißt gleichbleibend *Adler*. Mit der Wortbedeutung kann dieses Flexionswirrwarr nicht zusammenhängen: Alles sind Vogelnamen. Die Erklärung liegt wiederum in der Vorgeschichte dieser Wörter. Welche Pluralendungen wir bei welchem Substantiv im heutigen Deutschen verwenden, hängt – wie das Genus – davon ab, welcher historischen Klasse es angehört. Auch die englischen «Ausnahmen» (wie *foot – feet, mouse – mice, child – children, man – men* und einige andere) sind Relikte alter Stammklassen. Das Deutsche zeigt verglichen mit dem Englischen im Bereich der Flexion noch wesentlich mehr Spuren früherer Sprachepochen. Es wird in diesem Punkt innerhalb der germanischen Sprachfamilie nur noch vom Isländischen und Färöischen übertroffen.

52. Warum sind die «unregelmäßigen Verben» unregelmäßig?

Ähnlich undurchsichtig wie die Pluralbildung der deutschen Substantive ist die Formenbildung bei den Verben. Zwar bildet der Großteil der deutschen Verben die Vergangenheitsformen durch Einfügung eines *t* zwischen Stamm und Endung (z. B. *lenk-t-e, lenk-t-est* usw.) und das Partizip II durch Vorsatz eines *ge-* plus Anfügung eines *-t* (*ge-lenk-t*). Transponieren wir aber versuchsweise das Sprichwort *der Mensch denkt, Gott lenkt* in die Vergangenheit, dann muss es heißen *der Mensch dachte, Gott lenkte*, nicht *der Mensch denkte, Gott lenkte* und schon gar nicht – selbst wenn es stimmen sollte – *der Mensch dachte, Gott lachte*. Weitere Merkwürdigkeiten dieser Art lassen sich mühelos finden: Die entsprechenden Formen von *hinken* sind *hinkte* und *gehinkt*, von *sinken* aber *sank* und *gesunken*. Von *kaufen* lauten sie *kaufte* und *gekauft*, von *laufen* dagegen *lief* und *gelaufen*. Unregelmäßigkeit par excellence? In gewisser Weise ja, denn die deutsche Gegenwartssprache kennt eine beträchtliche Anzahl von Verben, die sich nicht an die (scheinbare) Regel halten, dass Vergangenheits- und Partizip II-Formen durch Einschub oder Anfügen eines *t* gebildet werden. Auch hier schleppen wir gewissermaßen jungsteinzeitliches Erbe fort, denn ein großer Teil der Verben, die ihre Stammformen mit Vokalwechsel im Innern bilden (man nennt das Phänomen «Ablaut»), lässt sich auf das Indogermanische zurückführen. Diese Verben bezeichnet man seit Jacob Grimm als «starke Verben», die große Gruppe der Verben, bei denen derselbe Effekt durch Ein- bzw. Anfügung eines *t* erzielt wird, dagegen als «schwache» Verben. Dieses Prinzip hat sich «erst» auf der germanischen Entwicklungsstufe herausgebildet.

Wenn man sich ausschließlich auf die Gegenwartssprache fokussiert, stößt man allenthalben auf Phänomene, die sich nicht mit generalisierenden Regeln in Einklang bringen lassen. Insofern ist es durchaus berechtigt, von «Unregelmäßigkeiten» zu sprechen. Der Blick in die Sprachgeschichte zeigt aber, dass sich so gut wie alle «Unregelmäßigkeiten» aus historischen Regelmäßigkeiten erklären lassen. Die deutschen Verben sind dafür das beste Beispiel.

53. Was hat es mit Präteritum (= «Imperfekt») und Perfekt auf sich? Was die Verwendung des Präteritums (das auch als «Imperfekt» oder «erste Vergangenheit» bezeichnet wird) und des Perfekts (auch «zweite Vergangenheit», in der neuesten Auflage der Duden-Grammatik auch «Präsensperfekt») betrifft, unterscheiden sich gesprochene und geschriebene Sprache erheblich. In der mündlichen Alltags- und Umgangssprache hat das Perfekt das Präteritum weitgehend verdrängt. Kaum jemand wird in einer ungezwungenen Gesprächssituation sagen *ich kaufte mir kürzlich ein Auto, packte meine Sachen ein und fuhr übers Wochenende nach Paris.* Normaler Umgangston wäre *ich habe mir kürzlich ein Auto gekauft, meine Sachen eingepackt und bin nach Paris gefahren.* Häufige Ausnahme ist nur die Präteritumsform *war.* Man kann sowohl sagen *ich war mit meinem neuen Auto in Paris* als auch *ich bin mit meinem neuen Auto in Paris gewesen.*

Ganz anders verhält es sich in der geschriebenen Sprache. Ob Schüleraufsatz zum allzeit beliebten Thema «mein schönstes Ferienerlebnis», ob Roman, Geschichtsbuch oder Zeitungsbericht – das reguläre Vergangenheitstempus ist grundsätzlich das Präteritum. In Relation dazu steht das Plusquamperfekt (auch als «3. Vergangenheit» oder wie in der Duden-Grammatik als «Präteritumperfekt» bezeichnet). Es bietet die Möglichkeit, eine zeitliche Abstufung zum Ausdruck zu bringen: *kaum hatte ich mein Auto abgeholt* (Plusquamperfekt), *packte* (Präteritum) *ich meine Sachen ein und fuhr* (Präteritum) *nach Paris.*

Nun ist es allerdings nicht so, dass die mündliche Sprache ausschließlich das Perfekt zuließe, die geschriebene nur das Präteritum (bei Bedarf und in Abhängigkeit davon das Plusquamperfekt). Auch in der geschriebenen Sprache hat das Perfekt seinen Platz und seine Funktion. Man darf sich allerdings nicht vom Wort *Perfekt* irreleiten lassen und annehmen, die Verwendung habe etwas mit *perfekt* im Sinne von ‹abgeschlossen, fertig› zu tun. Eine Handlung muss keineswegs unbedingt abgeschlossen sein, um im Perfekt dargestellt zu werden. Ob Präteritum oder Perfekt verwendet wird, hängt vielmehr von der Einstellung des Autors zu den in der Vergangenheit liegenden Ereignissen ab, über die er schreibt. Es ist ein Unterschied, ob er erzählt oder bespricht. Wer Vergangenes «erzählt», tut das mit der Intention, die Ereignisse «so, wie sie waren» in seine eigene Erinnerung zurückzurufen oder sie vor der Phantasie eines Lesers aufleben zu lassen. Wer Vergangenes «bespricht», tut das zwar auch, bringt aber zugleich zum Ausdruck, dass er selbst in irgendeiner Weise wertend oder kommentierend involviert ist. Ein klassisches Beispiel ist der Schluss von Goethes Werther: Der «Held», Werther, hat sich eine Kugel in den Kopf geschossen. Als Selbstmörder steht ihm kein kirchliches Begräbnis zu. Der Roman endet mit den Sätzen *Der Alte folgte der Leiche und die Söhne, Albert vermochts nicht. Man fürchtete für Lottens Leben. Handwerker trugen ihn. Kein Geistlicher hat ihn begleitet.* Warum am Ende das Perfekt? Wenn man davon ausgeht, dass Goethe hier nicht geschlampt hat (das sollte man ihm tunlichst nicht unterstellen), dann steht dieser letzte Satz wohl deshalb kontrastierend zu den vorausgehenden Sätzen im Perfekt, weil er nicht mehr nur Bestandteil der Erzählung ist, sondern mehr: impliziter Kommentar des Erzählers.

Noch einmal zurück zur mündlichen Sprache. Auch hier kommt es selbstverständlich vor, dass man eine zeitliche Abstufung vornehmen, also eine Vorvergangenheit ausdrücken will (parallel zu Präteritum und Plusquamperfekt). Deshalb hat sich in der Umgangssprache eine Art doppeltes Perfekt herausgebildet. Beispiel: *Kaum habe ich mein neues Auto abgeholt gehabt* (doppeltes Perfekt), *habe ich meine Sachen eingepackt und bin nach Paris gefahren* (einfaches Perfekt). Solche für Sprachpuristen vielleicht noch anstößige Konstruktionen werden von der Duden-Grammatik mittlerweile akzeptiert und sogar mit literarischen Beispielen belegt.

54. Wie ist das Perfekt mit *sein* und mit *haben* geregelt? Im Deutschen gibt es zwei Arten, das Perfekt (und natürlich auch das Plusquamperfekt) zu bilden: erstens mit *haben* und zweitens mit *sein*. Beispiele: *Otto hat die ganze Nacht durchgefeiert und ist anschließend gleich zur Arbeit gegangen.* Warum also *hat gefeiert*, aber *ist gegangen*? Es ist ähnlich wie mit der Pluralbildung bei Substantiven: Muttersprachler befolgen die Regel intuitiv; wer jedoch Deutsch als Fremd- oder Zweitsprache erwirbt, sollte sich mit dem Wort am besten auch gleich die zugehörige grammatische Regel merken. Ausschlaggebend für die Perfektbildung ist die Bedeutung des jeweiligen Verbs.

Der weitaus häufigste Fall ist das Perfekt mit *haben*. Alle transitiven Verben (also solche, die ein Akkusativ-Objekt erfordern) bilden das Perfekt mit *haben*, z. B. *ich habe sie schon von weitem gesehen.* Gleiches gilt für die reflexiven Verben, z. B. *Otto hat sich blamiert,* für die intransitiven Verben mit einem Dativ- oder Genitivobjekt, z. B. *Otto hat mir nicht geholfen,* oder *wir haben der Verstorbenen gedacht.* Der seltenere Fall ist also das Perfekt mit *sein.* Es wird dann verwendet, wenn ein intransitives Verb (das kein Akkusativobjekt bei sich haben kann) eine Ortsveränderung oder einen Zustandswandel zum Ausdruck bringt. Eine Veränderung des Ortes bezeichnen alle Bewegungsverben, beispielsweise *fahren, gehen, fliegen, verschwinden*. Deshalb heißt es *Otto ist nach Paris gefahren/gegangen/geflogen/verschwunden*. Ein Zustandswandel kommt zum Ausdruck in Verben wie *wachsen, schrumpfen (Ottos Aktienvermögen ist gewachsen/geschrumpft), erröten, erblassen (das Kind ist errötet/erblasst)*. Auch allgemeine Ereignisverben wie *passieren, geschehen, eintreten, vorkommen* bilden das Perfekt auf diese Weise (*etwas Unerwartetes ist passiert/geschehen/eingetreten/vorgekommen*). Das mit Abstand häufigste Verb, das sein Perfekt mit *sein* bildet, ist *werden*, das in Verbindung mit Adjektiven oder Substantiven generell Zustandsveränderungen ausdrückt, z. B. *Otto ist krank geworden* oder *Otto ist Chefredakteur geworden*. Entsprechendes gilt auch beim Passiv: *Otto ist zum Direktor befördert worden*.

Manche Verben bilden ihr Perfekt scheinbar mit *sein* und auch mit *haben*, z. B. *ich bin über den See gerudert*, aber auch *ich habe wie ein Irrer gerudert* oder *sie haben Tango getanzt*, aber auch *sie sind quer durch den Saal getanzt*. Das widerspricht dem bisher Gesagten jedoch nicht, denn in Verwendungsweisen wie *ich bin über den See gerudert* und *sie sind quer durch den Saal getanzt* kommen (wie bei *fahren, gehen, fliegen, verschwinden*) Ortsveränderungen zum Ausdruck. Bei Sätzen wie *ich habe wie ein Irrer gerudert* oder *sie haben Tango getanzt* steht nicht die Ortsveränderung im Vordergrund, sondern die Tätigkeit an sich.

Die Verteilung von *sein*- und *haben*-Perfekt ist im deutschen Sprachraum allerdings nicht ganz einheitlich geregelt. In Süddeutschland, in Österreich und in der Schweiz *hat* man nicht *im Bett gelegen, im Wirtshaus gesessen* und *an der Ampel gestanden*, sondern man *ist im Bett gelegen, ist im Wirtshaus gesessen* und *ist an der Ampel gestanden*. Die Duden-Grammatik weist auf diese regionale Variante des *sein*-Perfekts zwar hin, hält sich aber mit einer Bewertung als «richtig» oder «falsch» zurück.

55. Was sind Modalverben und was leisten sie?

Es gibt eine Gruppe von Verben, mit denen ein Sprecher nicht unmittelbar auf eine Handlung, einen Vorgang oder ein Ereignis Bezug nimmt, sondern auf die Absicht (*wollen*), die Möglichkeit oder Fähigkeit (*können*), die alternativlose Verpflichtung (*müssen*), die Notwendigkeit (*sollen*) oder die Erlaubnis (*dürfen*) dazu. Diese Verben bezeichnet man als

Modalverben. Es ist ein erheblicher Unterschied, ob man *verreist* oder *verreisen muss*, ob man *zuhause bleibt* oder *zuhause bleiben darf* usw. Ähnliches leisten auch die Modalitätsverben, von denen Vollverben im Infinitiv mit *zu* abhängen wie *haben* (*du hast morgen zu kommen*), *sein* (*das ist kaum zu glauben*), *brauchen* (*das brauchst du nicht zu lesen*) oder *vermögen* (*das vermag ich nicht zu sagen*).

Modalverben können aber auch dazu verwendet werden, eine Sprechereinstellung zum Ausdruck zu bringen. Man spricht dann von «epistemischem» Gebrauch. Gemeint sind Fälle wie *er will* (*soll, kann, muss*) *von alledem nichts gewusst haben*. In solchen Verwendungen bringt *wollen* keine Absicht, *müssen* keine Verpflichtung, *sollen* keine Notwendigkeit und *können* keine Befähigung zum Ausdruck. Das Modalverb *dürfen* wird epistemisch nur im Konjunktiv gebraucht (*er dürfte von alledem nichts gewusst haben*) und drückt dann auch nicht aus, dass etwas erlaubt ist, sondern dass man etwas vermutet. Epistemisches *wollen* in einem Satz wie *er will es nicht gewusst haben* bringt zum Ausdruck, dass jemand zwar behauptet, nichts gewusst zu haben, man selber den Wahrheitsgehalt aber nicht überprüfen kann. Wenn man dagegen sagt *er hat nichts gewusst*, hält man diese Aussage für glaubwürdig. Epistemisches *sollen* (z. B. *er soll nichts gewusst haben*) bringt zum Ausdruck, dass es sich um die Meinung anderer handelt, für deren Richtigkeit man aber selbst nicht einstehen kann. Mit einer Aussage wie *er kann nichts gewusst haben*, drückt man aus, dass man vermutet, dass der Betreffende überhaupt nicht die Möglichkeit hatte, etwas zu wissen. Ein Satz schließlich wie *er muss nichts gewusst haben* besagt, dass man glaubt, es bestehe kein Anlass zu einer entsprechenden Annahme. In allen Fällen teilt man implizit seine eigene Einschätzung der eigentlichen Aussage mit.

Epistemische und nicht-epistemische Verwendung von Modalverben bedingen auch ein unterschiedliches Perfekt. Wenn man einen Satz wie *er kann es nicht wissen* (nicht-epistemisch) ins Perfekt umformt, ergibt sich *er hat es nicht wissen können*. Die epistemische Lesart führt zu einem Perfekt *er kann es nicht gewusst haben*. Ebenso: *er hat es nicht wissen wollen* (nicht-epistemisch) gegenüber *er will es nicht gewusst haben* und *er hat es wissen müssen* gegenüber *er muss es gewusst haben*. Im Präsens sind epistemische und nicht-epistemische Lesart nicht unterschieden.

Modalverben können auch als Quasi-Vollverben, also ohne Infinitiv, verwendet werden. Dann bilden sie das Partizip II wie schwache

Verben, also mit der Endung –t: *ich habe mal gemusst, das habe ich nicht gewollt, das habe ich schon immer gekonnt, ich habe leider nicht gedurft.*

56. Ist «Präsens» dasselbe wie «Gegenwart»? Angenommen, jemand ruft an und fragt *was machst du denn grade?* und man antwortet *ich höre Musik, trinke Tee und lese Zeitung*, dann ist das eine Aussage zur aktuellen Gegenwart. Folglich stehen die Prädikatsverben *machst, höre, trinke* und *lese* im Präsens. Oder anders gesagt: das Präsens drückt hier Gegenwart aus. «Präsens» an sich ist aber eine Formkategorie, keine Inhaltskategorie. Das heißt: Prädikate, die im Präsens stehen, können auch andere Zeitbezüge als die Gegenwart haben. Fragt der Anrufer weiter *und was machst du heute später noch?*, dann nimmt er ebenso wenig auf die aktuelle Gegenwart Bezug wie die Antwort *ich gehe später noch ins Kino und auf dem Heimweg trinke ich noch irgendwo ein Bier*. Die Prädikate *machst, gehe* und *trinke* stehen zwar nach wie vor im Präsens, aber der Zeitbezug ist ein anderer: Es geht um Zukünftiges (wobei der zeitliche Abstand keine Rolle spielt). Wieder anderes leistet das Präsens, wenn der Anrufer daraufhin vorwurfsvoll fragt: *warum sagst du nie Bescheid, wenn du ins Kino gehst?* Das sind Aussagen von überzeitlicher Gültigkeit. Das schließt zwar die aktuelle Gegenwart mit ein, ist aber nicht darauf begrenzt.

Lassen wir das Gespräch nun eine andere Wendung nehmen: Nachdem man sich kurz entschlossen auf einen gemeinsamen Kinobesuch mit anschließendem Kneipenbesuch geeinigt hat, sagt einer von beiden: *neulich gehe ich auch ins Kino und wen treffe ich – Anna!* Das bezieht sich eindeutig auf etwas Vergangenes, aber die Prädikate *gehe* und *treffe* stehen im Präsens. Diese Verwendungsweise bezeichnet man als «szenisches Präsens». Es dient der anschaulichen und lebhaften Erzählung (weshalb auch die meisten Witze im Präsens erzählt werden, z. B. *Kommt ein Gerippe zum Arzt. Fragt der Doktor* ...). Entsprechendes gilt auch für andere Zeitformen. So ist das Perfekt zwar typischerweise ein Vergangenheitstempus, aber es kann auch zum Ausdruck überzeitlicher, allgemein gültiger Tatsachen verwendet werden, beispielsweise in Sprichwörtern wie *früh gefreit hat nie gereut.* Mit *hat nie gereut* bringt man eine (vermeintlich) überzeitliche Wahrheit zum Ausdruck.

Ähnliches lässt sich auch am Futur mit *werden* zeigen. Wenn man zu seinem Kino- und Kneipenbegleiter vorsichtshalber sagt *aber allzu lange werde ich's heute bestimmt nicht machen*, dann verwendet man das Futur in der prototypischen Weise: Man äußert sich über etwas Zukünftiges. Steht man dann nach dem Kinobesuch an der Theke, und sagt der andere mit vorwurfsvollem Blick *du wirst doch nicht schon etwa schlapp machen*, dann nimmt er mit der Futurform *wirst ... schlapp machen* Bezug auf die Gegenwart. Er verwendet das Futur in diesem Fall dazu, seiner Verwunderung Ausdruck zu geben.

Es lässt sich ableiten, dass mit grammatischen Begriffen wie «Präsens», «Perfekt» und «Futur» grundsätzlich formale grammatische Kategorien bezeichnet werden, mit den nur scheinbar entsprechenden deutschen Begriffen «Gegenwart», «Vergangenheit» oder «Zukunft» inhaltliche Kategorien. Oft stimmen «Präsens» und «Gegenwart», «Perfekt» und «Vergangenheit», «Futur» und «Zukunft» zwar überein, aber eben nur oft, und das heißt: nicht immer.

57. Was kann man mit dem Konjunktiv ausdrücken?   Wenn man sagt, der Indikativ diene dazu, Reales, Faktisches und Wirkliches zum Ausdruck zu bringen, der Konjunktiv dazu, etwas als unwirklich, nur vermutet oder erwünscht zu kennzeichnen, dann ist das zwar nicht ganz falsch, aber eben auch nicht ganz richtig. Zunächst einmal muss man zwei Konjunktivformen unterscheiden. Der Konjunktiv I wird vom Präsensstamm eines Verbs gebildet, z. B. *(man) nehme (zwei Eier)* oder *(niemand) glaube (man) könne (einfach so weitermachen)*. Dagegen basiert der Konjunktiv II auf dem Stamm des Präteritums, z. B. *(wo) kämen (wir denn da hin?)* oder *(wenn er noch so oft) sagte, (ich) glaubte (es ihm nicht)*. Da der Konjunktiv II bei schwachen Verben formal mit dem Indikativ kollidiert (die Form *glaubte* beispielsweise kann sowohl Indikativ als auch Konjunktiv sein), verwendet man meistens die deutlichere Umschreibung mit *würde* plus Infinitiv, also: *ich würde es ihm nicht glauben*. Häufig wird der Konjunktiv tatsächlich dazu verwendet, zu signalisieren, dass man etwas als zwar denkbar oder möglich in Betracht zieht, aber eben nicht als real, wie beispielsweise in dem (fälschlicherweise immer wieder Martin Luther zugeschriebenen) Spruch *und wenn morgen die Welt unterginge, würde ich heute noch meine Schulden bezahlen und ein Apfelbäumchen pflanzen*.

Nicht (oder noch nicht) realisiert sind bekanntlich Wünsche. Deshalb ist der Konjunktiv auch der typische Wunsch-Modus: *wenn endlich Juli würde anstatt März* (Hugo von Hofmannsthal). Liegt etwas Irreales, nicht Realisiertes oder (vergeblich) Gewünschtes in der Vergangenheit, wird der Konjunktiv des Plusquamperfekts (*hätte* oder *wäre* mit dem Partizip II) verwendet: *wenn es Hitler und Stalin nicht gege-*

ben *hätte, wäre der Menschheit viel erspart geblieben* (irreal), *wäre ich doch nur zu Hause geblieben* (vergeblicher Wunsch). Der Konjunktiv des Plusquamperfekts kann aber auch mit irrealem Zukunftsbezug verwendet werden: *ich wäre so gerne heute abend mit dir ins Kino gegangen.*

Nichts mit Realität oder Irrealität hat es zu tun, wenn der Konjunktiv dazu verwendet wird, etwas wiederzugeben, was jemand anderer gesagt, geschrieben oder (vermutlich) gedacht hat oder denkt. Beispiel: *Otto sagt, er sei in Maria verliebt* (oder auch *er wäre in Maria verliebt*). Vermutlich hat Otto dann gesagt *ich bin in Maria verliebt* (oder ähnlich, jedenfalls im Indikativ). Wenn jemand diese definitiv gemeinte Aussage wiedergibt, sich für deren Wahrheitsgehalt aber nicht verbürgen mag, kann er das unter Verwendung des Konjunktivs tun. Ebenso: *Otto denkt, er sei* (oder *wäre*) *in Maria verliebt.* In diesem Fall schwingen allerdings bereits Zweifel mit, ob sich Otto vielleicht selber etwas vormacht (was ja vorkommen soll). Der Konjunktivgebrauch zur formalen Kennzeichnung einer indirekten Rede ist in der alltäglichen Umgangssprache jedoch kaum noch gebräuchlich. Sagen würde man wohl eher *Otto sagt* (*schreibt, denkt* usw.)*, er ist in Maria verliebt.* Das «Rückzugsgebiet» dieser Art von Konjunktiv ist die gehobene Schriftsprache.

Das Deutsche kennt auch das scheinbare Paradox, dass der Konjunktiv für Faktisches und Reales verwendet wird, etwa dann, wenn man eine Aussage aus Gründen der Höflichkeit abmildern möchte: *ich würde sagen, dass wir die Besprechung jetzt beenden können.* Damit ist im weniger höflichen Klartext natürlich gemeint *ich sage* oder *ich bin der Ansicht, dass wir die Besprechung jetzt beenden können.* Auch Aufforderungen kann man mit dem Konjunktiv höflich abmildern. Eine Äußerung wie *würden Sie sich bitte setzen* oder *wenn Sie sich bitte setzen würden* klingt um einiges «milder» als *setzen Sie sich* im Imperativ. Und schließlich dient der Konjunktiv dazu, ein Resultat indirekt als mehr oder weniger mühsam erreicht darzustellen: *Da wären wir also* sagt man eher, wenn man lange unterwegs war, *da sind wir,* wenn man nur eine Straße weiter gegangen ist.

58. Zu welchem Sprachtyp gehört das Deutsche?   Das Deutsche gehört zum Typ der flektierenden Sprachen. Man kann (stark vereinfacht) sagen, dass extrem häufige Mitteilungsinhalte, die a priori in fast jeder sprachlichen Äußerung eine Rolle spielen, von der Grammatik übernommen werden, alles andere vom Wortschatz. So ist es

z. B. bei Verben meistens von Belang, ob sich das, was damit bezeichnet wird, in der Gegenwart abspielt oder in der Vergangenheit liegt, aber auch, ob *ich* es tue, ob *du* es tust oder ob eine «dritte» Person es tut. Deshalb übernimmt ein wichtiger Bereich der Grammatik, die Morphologie, die Funktion, den Zeitbezug oder den Bezug auf das handelnde Subjekt gleich «im Wort selbst» zum Ausdruck zu bringen. Das ist nichts anderes als Flexion. Eine denkbare Alternative dazu wäre es, Wörter zu verwenden, die nur die Verbalhandlung zum Ausdruck bringen und nicht nach Gesichtspunkten wie Zeitbezug oder Bezug auf den Handlungsträger modifiziert (also flektiert) werden. Dann bräuchten die Sprecher allerdings wiederum eigene Wörter (oder wortähnliche Elemente), um genau diese kommunikativ enorm wichtigen Aspekte mit abzudecken. Es gibt Sprachen, die dieses Prinzip anwenden, zum Beispiel die afrikanische Sprache Swahili. *Ich lese* heißt dort *ni-na-soma*. Dabei steht *ni* für ‹ich›, *na* für ‹Gegenwart› und *soma* für ‹lesen›. Also: ‹ich Gegenwart les›. Um die Vergangenheit auszudrücken, muss man nur das Element *ni* gegen *li* austauschen. Es ergibt sich *ni-li-soma* ‹ich Vergangenheit les› (d. h. ‹ich las›). Wenn man weiß, dass *a* ‹er› bedeutet, dann kann man sich mühelos auch ohne aktive Swahili-Kenntnisse ‹er liest› und ‹er las› ausrechnen: *a-na-soma* («er Gegenwart les») bzw. *a-li-soma* («er Vergangenheit les»). Dieses Prinzip nennt man «Agglutination», Sprachen, die diesen Typ realisieren, «agglutinierende Sprachen». Da Einzelelemente additiv aneinander gereiht werden, ist größtmögliche Durchsichtigkeit der einzelnen Formen gegeben. Das ist ein Vorteil, der aber auch einen Nachteil in sich birgt, nämlich den, dass die Wortformen ziemlich lang werden können. Demgegenüber hat die Flexion den Vorteil, dass die Einzelformen kürzer und so gesehen ökonomischer werden. In Flexionsendungen sind verschiedene grammatische Informationen komprimiert. Der Nachteil ist hier, dass ein größerer kognitiver Aufwand erforderlich ist, um die Formen zu erlernen bzw. im Gedächtnis zu behalten. Das weiß jeder, der einmal Latein oder Griechisch gelernt oder gar sich am Sanskrit versucht hat. Alle indogermanischen Sprachen, das Deutsche eingeschlossen, gehören dem flektierenden Sprachtyp an. Man spricht auch vom synthetischen Sprachtyp, weil eine Form mehrere Informationen gewissermaßen «synthetisch» zusammenfasst.

Viele heutige Sprachen der indogermanischen Familie zeigen aber die Tendenz, das synthetische Verfahren in der Formenbildung allmählich aufzugeben und einzelne grammatische Informationen wieder auf selbständige Wörter «auszulagern». Schon auf einer frühen Entwicklungsstufe des Deutschen wurden bei den Verben Personalpronomina obligatorisch. Im Althochdeutschen bedeutete *sing-u* ‹ich singe› und *sing-is* ‹du singst›. Die Formen wurden nur durch die Endung gekennzeichnet (ganz ähnlich wie lateinisch *cant-o*, *cant-as* usw.). Doch schon um das Jahr 1000 herum waren Personalpronomina obligatorisch, und es musste heißen *ich singe*, *du singes* usw. Eine etwas jüngere Entwicklung, die aber letztlich auch von der Flexion wegführt, ist die «Auslagerung» von Tempus und Modus auf Hilfsverben. Ähnliches kann man auch bei den Substantiven beobachten. Im Althochdeutschen wurden Plural- und Kasusformen noch weitgehend in einer einzigen Wortform, also (im Prinzip immer noch wie im Indogermanischen) synthetisch gebildet. Diese grammatischen Funktionen wurden im Laufe der Zeit zunehmend auf den bestimmten Artikel (*der*, *die*, *das*), den unbestimmten Artikel (*ein*, *eine*, *ein*) «ausgelagert». Das heißt: Im Deutschen vollzog sich (ähnlich wie im Englischen und in anderen vergleichbaren Sprachen) eine Entwicklung zum «analytischen» Sprachtyp. Diese Entwicklung ist noch nicht abgeschlossen, denn das Deutsche kennt nach wie vor Flexionsformen (viel differenzierter als beispielsweise das Englische). Es repräsentiert aber nicht mehr uneingeschränkt den synthetischen Sprachtyp (wie weitgehend z. B. noch das damit verwandte Isländische), aber auch noch nicht in Reinform den analytischen Sprachtyp.

59. Was ist ein Satz? Es gibt sprachliche Gegebenheiten, die auf den ersten Blick klar und simpel erscheinen, die sich aber bei näherem Hinsehen als keineswegs so einfach erweisen. Dazu gehört der Begriff «Satz». Eine Aufforderung wie *Ich hole Oma vom Bahnhof ab* würde wohl jeder als kompletten Satz akzeptieren, auch ohne eine wissenschaftliche Definition von «Satz» im Kopf zu haben. Das heißt: Es gibt ein alltagssprachliches Verständnis davon, was ein Satz ist. Auch die gängige Schuldefinition, dass ein Satz ein sprachliches Gebilde sei, das mindestens aus Subjekt und Prädikat besteht (meistens natürlich aus mehr), trifft auf unzählige Äußerungen zu. Es ist andererseits aber auch nicht schwierig, Gegenbeispiele anzuführen, denn man kann sich leicht Gefüge aus Subjekt und Prädikat denken, die niemand als «Satz» akzeptieren würde, obwohl das grammatische Minimalprogramm realisiert ist, z. B. *Ich hole* oder *Oma bringt*. Beide «Sätze» enthalten Subjekt und Prädikat, sind aber trotzdem nicht akzeptabel. Umgekehrt gibt es Äußerungen, die sicherlich jeder als Satz akzeptieren würde, obwohl sie weder ein Subjekt noch ein Prädikat enthalten. Wenn beispielsweise jemand in einer fremden Stadt fragt, wo es zum Hauptbahnhof geht und die Antwort erhält *über die Ampel da vorne, dann bis zur Apotheke, dahinter rechts um die Ecke und ab da nur noch geradeaus*, dann hat diese Äußerung weder ein Subjekt noch ein Prädikat. Kaum jemand würde sie jedoch als grammatisch unvollständig empfinden.

Vor rund 80 Jahren machte sich der Sprachwissenschaftler John Ries die Mühe, vorgeschlagene Definitionen von «Satz» zu sammeln und kam schon damals auf die stattliche Anzahl von 140. Seither sind es nicht weniger geworden. Die Linguistik tat (und tut) sich bei der Definition von «Satz» schwerer, als man annehmen möchte. Natürlich könnte man sich des Problems entledigen, indem man sagt, der «Satz» sei ein untauglicher Begriff und deshalb kurzerhand zu entsorgen. Das ist aber schon deshalb nicht möglich, weil «Satz» in jeder deutschen Grammatik eine zentrale Größe ist.

Wenn man – bei allen Schwierigkeiten, die sich damit verbinden – «Satz» definieren will, dann geht man am besten nicht von peripheren Erscheinungen und Sonderfällen aus, sondern vom Normalfall (man könnte auch sagen vom «prototypischen Satz»), das heißt von solchen in sich abgeschlossenen Äußerungen, in deren Zentrum ein Verb steht, das festlegt, welche weiteren «Mitspieler» erforderlich sind und wie diese strukturell beschaffen sein müssen. Es gibt Verben, die verlangen nur einen «Mitspieler» im Nominativ (fast immer das Subjekt) wie z. B. *schlafen* (z. B. *Oma schläft*), andere erfordern zwei wie *holen* (z. B. *ich hole Oma*), wieder andere auch drei wie *bringen* (z. B. *Oma bringt den Kindern Gummibären*). Die Ursache für die unterschiedliche Anzahl der geforderten «Mitspieler» und deren Kasusform liegt letztlich in der Bedeutung des Verbs (das ist eine elementare Einsicht der «Dependenzgrammatik»). Deshalb sind *ich hole* und *Oma bringt* auch ungrammatisch, obwohl doch Subjekt und Prädikat vorhanden sind. *Holen* ist ein «zweiwertiges» Verbum, das im Normalfall mit Subjekt und Akkusativobjekt verwendet wird. *Bringen* ist «dreiwertig»: Es verlangt neben einem Subjekt ein Dativ- und ein Akkusativobjekt, wobei das Dativobjekt nicht unbedingt realisiert sein muss, z. B. dann, wenn klar ist, wem sie die *Gummibären* mitbringt. Scheinbar prädikats- und subjektlose Äußerungen wie die zitierte Wegbeschreibung zum Hauptbahnhof können deshalb als grammatisch korrekt gelten, weil das Fehlende (*Sie* als Subjekt und *müssen fah-ren* als Prädikat) vom Hörer mitgedacht wird. In jedem Satz kann über das, was das Verb verlangt, hinaus natürlich noch eine unbegrenzte Anzahl weiterer Glieder vorhanden sein.

Sonderfälle wie *hilfe!*, *pfui Teufel!*, *ab ins Bett!*, *weg damit!* oder *ich und Vegetarier?* sind, obwohl weder Subjekt noch Prädikate enthalten sind, syntaktisch vollwertige Äußerungen, und somit komplette Sätze. Sie stellen aber insgesamt seltene Sonderfälle dar.

60. Welche Arten von Sätzen gibt es?

Jeder normale Sprecher des Deutschen ist in der Lage, eine potenziell unendliche Anzahl von unterschiedlichen Sätzen zu produzieren, und zwar Sätze, die er vorher nie gehört oder gelesen hat. Und umgekehrt ist auch jeder Hörer in der Lage, eine unbegrenzte Zahl von Sätzen zu verstehen, die er so noch nie gehört oder gelesen hat. Dem steht eine sehr begrenzte Anzahl von Grundmustern oder «Satzarten» gegenüber, denen sich alle konkret geäußerten Sätze zuordnen lassen. Das am häufigsten vorkommende Grundmuster sind die Aussage- oder Deklarativsätze, mit denen Sachverhalte konstatiert, behauptet, oder vermutet werden wie z. B. *Otto liebt Maria.* Auch Lügen oder Fehlbehauptungen wie *die Erde ist eine Scheibe* sind Deklarativsätze (es wird eben nur etwas Falsches «deklariert»). Strukturmerkmal ist die Zweitstellung des Prädikatsverbs. «Zweitstellung» heißt jedoch nicht zweites Wort, sondern zweites Satzglied. Wenn man *Otto* um einige Zusätze erweitert wie z. B. *mein alter Freund Otto, ein bis vor wenigen Tagen noch überzeugter Junggeselle, liebt Maria,* so ändert das nichts daran, dass *liebt* an zweiter Stelle steht, denn alles von *mein* bis *Junggeselle* ist ein einziges Satzglied. Das lässt sich ganz einfach dadurch feststellen, dass man fragt *wer liebt Maria?* Darauf kann man mit dem ganzen Komplex von *mein* bis *Junggeselle* antworten.

Ein weiteres Grundmuster sind Fragesätze. Dabei ist zu unterscheiden zwischen Entscheidungs- und Satzfragen. Auf Entscheidungsfragen kann man mit *ja* oder *nein* antworten, wie z. B. *liebt Maria Otto ebenfalls?* Entscheidungsfragen haben, wie das Beispiel zeigt, das Prädikatsverb an erster Stelle. Anders bei Satzfragen. Sie beginnen mit einem Fragepronomen (*wer*, *welcher* u. ä.) oder Frageadverb (*wohin*, *warum*) und werden auch als *w*-Fragen bezeichnet. Die Antwort auf die Frage *warum liebt Otto Maria?* kann unmöglich *ja* oder *nein* sein. Man muss mit einem Satz oder wenigstens Teilsatz antworten,

z. B. *weil sie offenbar Verständnis für seine Macken hat.* In Satz- bzw. *w*-Fragen steht das Prädikatsverb an zweiter Stelle.

Die dritte Satzart sind Aufforderungssätze, in denen das Prädikat im Imperativ steht und normalerweise das Subjekt nicht realisiert ist. Eine Aufforderung kann sich nur an ein direkt angesprochenes *Du* oder *Ihr* wenden: *komm(t) doch bitte mal her!* (die höfliche Imperativvariante wie z. B. *kommen Sie doch bitte mal her* ist ursprünglich eine Konjunktivform). In Ausrufe- bzw. Exklamativsätzen wird ein Sachverhalt mit Nachdruck oder emotionalem Engagement vorgebracht. Wenn das Prädikatsverb an zweiter Stelle steht, ist der Übergang zu den Deklarativsätzen fließend. Ein Satz wie *Du hast aber heute mal wieder gute Laune* kann sowohl als ironische Feststellung (deklarativ) oder als Ausruf (exklamativ) aufgefasst werden. Eine zweite Variante von Exklamativsätzen zeigt formale Übereinstimmung mit den Fragesätzen: *wer glaubst du eigentlich, dass du bist!* Die Sprecherintention ist in solchen Fällen aber sicherlich nicht die, eine Information einzuholen, sondern eben die, eine exklamative Äußerung zu tun. Exklamativsätze sind vielfach prädikatslos: *was für eine tolle Aussicht!* oder *so ein Quatsch!*

Wunschsätze weisen in der Regel Erststellung des Prädikats auf wie Fragesätze, z. B. *wäre ich doch nur zuhause geblieben!* Typisches Formmerkmal von Wunschsätzen ist jedoch der Konjunktiv. Eine Formalternative dazu ist Einleitung mit *wenn.* Solche Wunschsätze haben deshalb die Form isolierter Konditionalsätze ohne übergeordneten Hauptsatz, z. B. *wenn ich doch nur zuhause geblieben wäre!*

Diese Grundmuster können auch übereinander geblendet werden. Daraus ergeben sich besondere kommunikative Effekte. So kann man beispielsweise das Grundmuster eines Deklarativsatzes nutzen, um einem Befehl besonderen Nachdruck zu verleihen: *Du rührst dich nicht vom Fleck!* Die deklarative Form bringt indirekt zum Ausdruck, dass der Angesprochene gar keine andere Wahl hat, als dem Befehl Folge zu leisten. Auch Fragen können Deklarativsatzform haben wie etwa *du bist immer noch nicht fertig?* Der erzielte Effekt besteht hier darin, dass ein evidenter Sachverhalt mit Verwunderung zur Kenntnis genommen wird. Umgekehrt können Feststellungen auch das typische Fragesatzmuster aufweisen wie *liest du auch mal wieder ein Buch?* Solche Verfremdungen von syntaktischen Strukturmustern weisen in mündlicher Kommunikation allerdings besondere Intonationsverläufe auf.

61. Was sind Satzglieder? Beim Sprechen und Hören besteht eine zeitliche «Linearität» in der Abfolge der Wörter, entsprechend beim Schreiben und Lesen auch eine räumliche. Lineare Wortketten sind Sätze aber nur bei allererstem, oberflächlichem Hinsehen. Sätze weisen eine Struktur auf, die sich in der Abfolge der Wörter zunächst nicht zeigt. Wir könnten uns aber kaum verständlich machen, wenn wir nur additiv Wort an Wort reihen würden. Wenn «Satz» die oberste syntaktische Einheit ist, dann bilden die «Satzglieder» die direkt darunter liegende zweite.

Gehen wir von einem Minimalsatz aus, beispielsweise *Anna schläft*. Hier haben wir zwei Satzglieder, das Subjekt *Anna* und das Prädikat *schläft*, und es besteht auch ein 1:1-Verhältnis von Wort und Satzglied. Doch schon wenn man diesen kurzen Satz erweitert zu *die kleine Anna schläft*, erhält man eine komplexere Struktur, die aus Artikel, Adjektiv und Eigenname besteht. Damit ist aber noch lange nicht die Grenze dessen erreicht, was ein einzelnes Satzglied umfassen kann. Man kann auch im Anschluss an *Anna* eine Erweiterung anbringen, z. B. *die süße kleine müde Anna mit den hübschen Locken schläft*. Alles zusammen ist ungeachtet der Länge (die sich immer noch steigern ließe) ein einziges Satzglied, genauer gesagt: das Subjekt. Der ganze Komplex von *die süße* bis *Locken* antwortet auf die Testfrage *wer schläft?*. Satzglieder sind also als Ganzes erfragbar. Ein weiteres Kriterium für den Satzgliedstatus ist die geschlossene Verschiebbarkeit. Da eine Strukturregel des Deutschen besagt, dass im Aussagesatz vor dem Prädikatsverb nur genau ein Satzglied stehen kann, ist der ganze Komplex *die süße kleine müde Anna mit den hübschen Locken* ein einziges Satzglied, denn er steht vor dem Prädikat *schläft*.

Nicht nur Subjekte sind Satzglieder, sondern auch Objekte (die auf die Fragen *wen, wem, wessen* antworten), ebenso Angaben von Ort, Zeit, Ursache, Bedingung, Absicht und anderes. Eine Ortsangabe wäre beispielsweise *im Gitterbettchen* in dem Satz *Anna schläft im Gitterbettchen*. Natürlich kann auch das wieder erweitert werden: *im hübschen roten Gitterbettchen* oder noch weiter *im hübschen roten Gitterbettchen vom Flohmarkt* usw. Der ganze Komplex ist erfragbar, genau wie eben das Subjekt *Anna*, nämlich: *wo schläft Anna?*, Antwort: *im hübschen roten Gitterbettchen vom Flohmarkt*. Das Ganze kann auch wieder komplett vor das Verb verschoben werden: *im hübschen roten Gitterbettchen vom Flohmarkt schläft Anna*. Dagegen wäre es nicht möglich zu sagen *im hübschen roten Gitterbettchen schläft Anna vom Flohmarkt* (möglich wäre es schon, aber die Aussage wäre dann plötzlich eine ganz andere: *Anna* käme dann vom *Flohmarkt*). Das zeigt, dass es sich um einen zusammengehörigen Komplex handelt, also um ein Satzglied.

Nicht alles, was in einem Satz vorkommt, hat allerdings den Status eines Satzgliedes. Partikeln wie *eben* (z. B. *das ist eben das Problem*), *eh* (z. B. *das kannst du eh vergessen*) oder *halt* (z. B. *er kapiert's halt nicht*) erfüllen die Satzgliedkriterien nicht. Sie sind nicht erfragbar, und sie können auch nicht vor das Verb verschoben werden. Falsch wären Sätze wie *eh kannst du das vergessen* oder *halt kapiert er's nicht*. Auch Konjunktionen können aus den genannten Gründen nicht als Satzglieder gelten. In *Anna schläft im Gitterbettchen und sie hat dabei die Puppe im Arm* gehört *und* weder zum ersten noch zum zweiten Satz, sondern ist Bindeglied zwischen beide Sätzen. Auch Anreden stehen außerhalb der Satzstruktur: *Liebe Anna, ich wünsche dir alles Gute zum Geburtstag.* Die Stelle vor dem Prädikat *wünsche* ist vom Subjekt *ich* besetzt. *Liebe Anna* steht außerhalb der Struktur. Eine Anrede kann auch nicht erfragt werden.

62. Was ist der Unterschied zwischen Substantiv und Subjekt? Mit «Substantiv» wird eine Wortart bezeichnet, mit «Subjekt» eine Funktion im Satz. Substantive haben ein festes Genus (entweder Maskulinum oder Femininum oder Neutrum). Von den meisten Substantiven kann man Singular- und Pluralformen bilden (*das Haus – die Häuser*). Nur wenige wie *Ferien* oder *Eltern* existieren nur im Plural oder wie *Weltall* und *Liebe* nur im Singular. Die Genusregel gilt nicht bei substantivierten Adjektiven wie *der/die/das Kleine*. Personennamen wie *Otto*, Ortsnamen wie *Leipzig* und Ländernamen wie *Deutschland* führen normalerweise ebenfalls keinen Artikel, sind aber wie alle übrigen Namenarten dennoch den Substantiven zuzurechnen.

Das Subjekt ist dasjenige Satzglied, das man mit *wer?* oder *was?* erfragen kann. Vielfach führen diese Fragen tatsächlich auf ein Substantiv, das dann im Nominativ steht wie in dem Satz *die Katze ist grau*. Frage: *wer ist grau?*, Antwort: *die Katze* (im Nominativ). Das Subjekt stimmt im Numerus mit dem Prädikat überein. Man bezeichnet das als «Numeruskongruenz». Wenn die Rede nicht nur von einer Katze ist, sondern von mehreren, dann ändert auch das Prädikat die Form: *Nachts sind alle Katzen grau.* Subjekt ist hier *alle Katzen*. Wie das Beispiel zeigt, muss das Subjekt nicht unbedingt an erster Stelle im Satz stehen (obwohl das die Normalposition ist). Subjekt ist in diesem Beispiel auch nicht das Substantiv *Katzen* allein, sondern die «Phrase» *alle Katzen*. Subjekt können auch Substantive sein, die durch ein Adjektiv oder mehrere oder durch einen Nebensatz näher charakterisiert werden wie *nachts sind alle Katzen, die bei Tageslicht weiß oder getigert sind, grau*. Subjekt ist hier der Komplex von *die* bis *sind*. Solche Nebensätze bezeichnet man wegen ihrer Einbindung mit dem Relativpronomen *die* als «Relativsätze» und wegen ihrer Attributfunktion als «Attributsätze».

Relativsätze können aber nicht nur als Attribute auf ein Substantiv bezogen werden (und damit Teile komplexer Subjekte sein), sondern ihrerseits als Subjekt fungieren wie beispielsweise in dem Satz *wer andern eine Grube gräbt, fällt selbst hinein*. Die Antwort auf die Frage *wer fällt hinein?* ergibt, dass *wer andern eine Grube gräbt* das Subjekt ist. Es handelt sich hier – anders gesagt – um einen Subjektsatz. Ein ganzer Satz kann selbstverständlich nicht im Nominativ stehen wie ein Substantiv, und deshalb wäre auch eine Aussage wie «das Subjekt steht immer im Nominativ» unrichtig. Bei weitem nicht jedes Subjekt ist also ein Substantiv. Und auch das umgekehrte gilt: Bei weitem nicht jedes Substantiv ist ein Subjekt. Substantive können – unter anderem – auch als Objekte verwendet werden.

63. Was ist der Unterschied zwischen Verb und Prädikat? «Verb» verhält sich zu «Prädikat» ganz ähnlich wie «Substantiv» zu «Subjekt»: Das eine (Verb) ist eine Wortart, das andere (Prädikat) eine syntaktische Funktion. Prädikate bestehen zwar oft nur aus einem einzigen Verb (wie in *Otto liebt Maria*), müssen es aber nicht. Es gibt auch mehrteilige Prädikate. Das ist der Fall bei zusammengesetzten Zeitformen wie *Otto hat Maria geliebt* (Perfekt), *Otto hatte Maria geliebt* (Plusquamperfekt), *Otto wird Maria lieben* (Futur), ebenso beim Passiv (*Otto wird von Maria geliebt*) und beim Konjunktiv II (*Otto würde Maria lieben*). In allen diesen Fällen ist weder das Hilfsverb für sich genommen das Prädikat noch das Vollverb, sondern beides zusammen. Auch Gefüge aus Modalverb und Infinitiv wie *ich kann* (*darf, will, muss, mag*) *nicht kommen* sind mehrteilige Prädikate, ebenso Gefüge aus Modalitätsverben plus Infinitiv mit *zu* wie *Otto weiß sich immer zu helfen* oder *ich vermag mich nicht zu erinnern*.

In den genannten Fällen liegen rein verbale Gefüge vor. Es gibt aber auch komplexe Prädikate mit nicht-verbalen Komponenten wie beispielsweise *feststehen, herauslaufen* oder *schwarzfahren.* In Aussagesätzen erscheinen Verb und Verbzusatz getrennt: *mein Entschluss steht endgültig fest; der Torwart lief zu früh heraus; Otto fährt meistens schwarz.* Trotzdem bildet nicht das jeweilige Verb für sich genommen das Prädikat, sondern zusammen mit dem nicht-verbalen Zusatz.

Komplexe Prädikate sind auch idiomatische Fügungen wie *Nachsicht üben, Rechnung tragen* oder *Feuer fangen.* In solchen und ähnlichen Fügungen ist das jeweilige Verb nicht mit seiner eigentlichen Bedeutung gebraucht. Wer *Nachsicht übt,* tut das nicht, um es zu lernen oder zu perfektionieren (wie jemand, der *Klavier übt*). Wer einer Sache *Rechnung trägt,* befördert nichts von der Stelle, und etwas, das *Feuer fängt,* ist den Flammen bestimmt nicht hinterher gelaufen. Das semantische Gewicht liegt auf *Nachsicht, Rechnung* und *Feuer.* Oft enthalten solche Gefüge auch Präpositionen wie *in Rechnung stellen, in Bewegung setzen, zur Aufführung gelangen.* Auch hier bedeutet *stellen* nicht ‹in stehende Position bringen›, *setzen* nicht ‹auf dem Hintern Platz nehmen› und *gelangen* nicht ‹irgendwohin kommen›. Solche Fügungen mit semantisch «blassen» Verben, die nicht die konkrete Bedeutung aufweisen, die sie außerhalb derartiger Fügungen zeigen, nennt man «Funktionsverbgefüge». Die daran beteiligten Substantive sind vom Verb aus nicht erfragbar. Im Fall eines Satzes wie *die Werkstatt stellte die Reparatur in Rechnung* kann man nicht fragen *wohin stellte die Werkstatt die Rechnung?* Wenn sich ein *ICE in Bewegung setzt,* kann man nicht fragen *wohin setzte sich der ICE?* Das zeigt, dass Funktionsverbgefüge semantische und grammatische Einheiten bilden und deshalb auch komplexe Prädikate sind, deren Komponenten im Aussagesatz ebenfalls auf Distanz stehen. Nicht jedes Prädikat ist also ein Verb. Aber an jedem Prädikat ist ein Verb zumindest beteiligt.

Verben sind nicht nur auf die Rolle als Prädikate oder Prädikatsteile festgelegt, sondern sie können auch in anderen syntaktischen Funktionen erscheinen, in Infinitivform beispielsweise als Subjekt wie in *Lachen ist gesund* (einfacher Infinitiv) oder *den Kopf in den Sand zu stecken, ist auch keine Lösung* (Infinitiv mit *zu*). Ebenso können Infinitive als Objekte fungieren wie in *ich glaube, mich nicht zu irren* oder *ich träumte, wieder jung zu sein.* Infinitive mit *zu* können auch als Attribute auf Substantive bezogen werden: *die Kunst, ein Motorrad zu warten* oder *die Möglichkeit, sich heil aus der Affäre zu ziehen.*

64. Was ist der Unterschied zwischen Adverb und Adverbiale? Es handelt sich auch hier um eine Wortart (Adverb) und eine syntaktische Funktion (Adverbiale). Die Wortart «Adverb» umfasst sehr Unterschiedliches und ist fast so etwas wie eine grammatikalische Restklasse für alles, was sich in den anderen, einigermaßen klar umrissenen Wortklassen nicht unterbringen lässt. Falsch ist es auf jeden Fall, «Adverb» wörtlich zu nehmen, und als *ad verbum* ‹zum Verb› zu definieren, denn Bezug auf ein Verb ist nur teilweise gegeben wie in *plötzlich rutschte Schnee vom Dach.* Hier besteht in der Tat ein Bezug von *plötzlich* auf *rutschte* (nicht etwa auf *Schnee*). Aber in *plötzlich rutschte ziemlich viel Schnee vom Dach* ist auch *ziemlich* ein Adverb. Es steht in einem engen Zusammenhang mit *viel*, ist also keineswegs *ad verbum* bezogen. Diese Definition, die offenbar nicht aus der Welt zu schaffen ist, geht also fehl.

Was aber sind Adverbien dann? Über die Wortinhalte kommt man zu keiner brauchbaren Antwort, denn Adverbien können lokale Bedeutung haben (z. B. *hier, dort, hinten, oben*), aber auch mit temporaler (z. B. *jetzt, gestern, neulich, bald*), kausaler (z. B. *deswegen, darum, deshalb*), adversativer (*trotzdem, dennoch*) und anderer Funktion verwendet werden. Viele Adverbien sind nichts weiter als Adjektive mit verbalem Bezug (wie in *Maria schläft lang(e)* oder *Otto singt falsch*). Eine Gruppe von Adverbien hat relativierende Bedeutung in Bezug auf Adjektive (*sehr/relativ/ungemein viel Schnee*) oder ganze Satzinhalte (*deine Angaben sind offensichtlich/tatsächlich/keineswegs falsch*). Wenn man die Wortart «Adverb» begrifflich einigermaßen fassen will, muss man morphologische und syntaktische Kriterien kombinieren. Ein wichtiges morphologisches Kriterium ist die Nichtflektierbarkeit. Man kann keine der eben genannten Arten von Adverbien deklinieren oder konjugieren (wenn Wörter wie beispielsweise *falsch, relativ* oder *tatsächlich* flektiert werden – z. B. *falsche Behauptungen, relative Zufriedenheit, tatsächliche Erfolge* – handelt es sich um Adjektive, und eben nicht um Adverbien). Von anderen nicht flektierenden Wortarten unterscheiden sich Adverbien durch ihren Satzgliedstatus, der sich daraus ergibt, dass sie in Aussagesätzen die Stelle vor dem Prädikat besetzen können, z. B. *lang(e) schläft Maria* oder *offensichtlich/tatsächlich/keineswegs sind deine Angaben falsch.* Andere nicht flektierende Wortarten wie z. B. Konjunktionen können diese Stelle vor dem Prädikatsverb nicht besetzen, sondern müssen sie einem anderen Satzglied «überlassen». Beispiel: *Otto schläft, aber Maria sitzt lange vor dem Fernseher.* Die Konjunktion *aber* könnte die Stelle vor *sitzt* nicht einnehmen. Ein Satz *Otto schläft, aber sitzt Maria lange vor dem Fernseher* wäre nicht möglich. Im Gegensatz zu anderen nicht flektierenden Wortarten haben viele (aber nicht alle) Adverbien eine Eigenbedeutung: *Hier* heißt ‹an dieser Stelle›, *gestern* ‹am Tag vor heute›, *plötzlich* ‹unerwartet, ohne Vorankündigung›. Konjunktionen wie *aber, oder, und* lassen sich nicht definieren. Es sind reine Funktionswörter.

Unter Adverbiale versteht man Angaben, die erstens die näheren zeitlichen, räumlichen, kausalen (u. a.) Umstände einer mit einem Verb bezeichneten Tätigkeit oder eines Vorgangs benennen, und zweitens nicht wie das Subjekt oder Objekt vom Verb gefordert und in ihrer Form festgelegt sind. Vielfach fungieren in der Tat Adverbien als Adverbiale. In *plötzlich rutschte Schnee vom Dach* wird das Geschehen mit dem Adverb *plötzlich* als unerwartet gekennzeichnet. Diese Angabe ist auch nicht vom Verb her gefordert. Auch eine Aussage *Schnee rutschte vom Dach* wäre komplett. *Plötzlich* bringt eine zusätzliche Präzisierung in die Aussage.

Als Adverbiale können aber auch längere Ausdrücke verwendet werden, weshalb eine Gleichsetzung Adverbiale = Adverb falsch wäre. Ein solcher adverbialer Ausdruck ist beispielsweise *mit einem Mal* (*rutschte Schnee vom Dach*). Ebenso können Infinitivkonstruktionen als Adverbiale fungieren, z. B. *ohne ein Geräusch zu machen, rutschte Schnee vom Dach*. Adverbiale erscheinen häufig auch in Nebensatzform wie z. B. *ohne dass es jemand ahnen konnte, rutschte Schnee vom Dach*.

65. Was ist der Unterschied zwischen Adjektiv und Attribut? Der gängigen (Schul-) Definition zufolge sind Adjektive «Eigenschaftswörter». In vielen Fällen trifft das auch zu: *ein interessantes Buch* ist ein *Buch*, das die Eigenschaft hat, *interessant* zu sein, ein *nützlicher Idiot* ist ein *Idiot*, der die Eigenschaft hat, *nützlich* zu sein usf. Aber ist *musikalisches Talent* ein *Talent*, das die Eigenschaft hat, *musikalisch* zu sein? Oder ist der *kollegiale Umgang* ein *Umgang*, der die Eigenschaft hat, *kollegial* zu sein? Wohl nicht, denn wie man weiß, gibt es *kollegialen Umgang*, der sehr zu wünschen übrig lässt, also alles andere als *kollegial* ist. In diesen Beispielen bezeichnen *musikalisch* und *kollegial* keine Eigenschaft, sondern eher eine Hinsicht oder ein Verhältnis: *musikalisches Talent* bedeutet ‹Talent in Hinsicht auf die Musik›, und *kollegialer Umgang* ist ‹Umgang unter Kollegen› – auch wenn er *unkollegial* sein sollte. Man spricht in solchen Fällen von «Beziehungsadjektiven».

Wenn man die Wortart «Adjektiv» definieren möchte, geht man die Sache deshalb besser von der formal-grammatischen Seite an und fragt: Was verbindet Adjektive hinsichtlich ihrer Flexionseigenschaften und ihrer syntaktischen Verwendung? Adjektive können nach Kasus, Numerus und Genus flektiert werden. In dem Satz *ich lese grade ein interessantes Buch* steht das Adjektiv *interessantes* im Akkusativ Singular des Neutrums. Diese Flexionseigenschaften «erhält» es von der Bezugsgröße *Buch*. Damit kommt ein syntaktischer Gesichtspunkt ins Spiel: Wenn ein Adjektiv direkt auf ein Substantiv bezogen ist und sich folglich grammatisch danach ausrichtet, spricht man von attributiver Verwendung.

Adjektive können auch prädikativ verwendet werden, indem sie mit Verben wie *sein, werden* oder *bleiben* auf das Subjekt eines Satzes bezogen werden, z. B. *das Buch ist interessant* (hier ist das Subjekt ein Substantiv), *ich werde gleich wütend* (Subjekt ist ein Pronomen), *manche besonders schlauen Leute sind einfach unbelehrbar* (Subjekt ist die Substantivgruppe *manche besonders schlauen Leute*). Im Normalfall sind prädikative Adjektive unflektiert. Aus stilistischen Gründen kann man – ausnahmsweise – ein prädikatives Adjektiv auch mit Artikel verwenden und flektieren: *das Buch ist ein interessantes.*

Die dritte Möglichkeit der Adjektivverwendung ist die adverbiale wie z. B. *falsch* in *Otto singt falsch.* In dieser Verwendungsweise werden Adjektive ebenfalls nicht flektiert. Im älteren Deutschen (bis 18. Jahrhundert) wurden adverbial verwendete Adjektive sehr häufig mit *-lich* gekennzeichnet, ganz ähnlich wie im Englischen bis heute mit *-ly.* Bei Luther heißt es beispielsweise noch *Vnd der Herr lobete denn vngerechten Haushalter, das er klueglich gethan hatte* ‹… dass er klug gehandelt hatte›. Diese besondere Kennzeichnung von Adjektivadverbien ist im Deutschen anders als im Englischen später aufgegeben worden. Wir haben aber noch Relikte wie *bitterlich weinen* oder *etwas schwerlich glauben.*

Was sind nun aber Attribute? Es kann sich dabei, wie gesagt, um Adjektive handeln. Als Attribute können jedoch auch Adverbien fungieren wie *der Vorfall gestern* oder *die Leute drüben.* Attribute können zudem auch längere Infinitivkonstruktionen sein wie in *die Frechheit, so etwas öffentlich zu behaupten.* Häufig erscheinen auch Nebensätze mit «eigenem» Subjekt und Prädikat als Attribute wie in *Hunde, die bellen, beißen nicht.* Hier ist *die beißen* ein relativ auf *Hunde* bezogener Attributsatz mit *die* als Subjekt und *beißen* als Prädikat. Attribute sind, wie die

Beispiele zeigen, in der Regel von Substantiven (*Vorfall, Leute, Frechheit, Hunde*) abhängig, können sich aber auch auf Pronomina beziehen: *er, der Schlaumeier.*

66. Ist der Dativ wirklich dem Genitiv sein Tod?

So witzig und originell diese Formulierung von Bastian Sick ist, um ihren Wahrheitsgehalt zu überprüfen, muss man sich zunächst einmal klar machen, wofür der Genitiv gut ist. Deshalb zunächst eine grundsätzliche Feststellung: Der Genitiv ist ein Kasus, also nichts anderes als eine Wortform, z. B. *des Mannes* (zu *der Mann*), *der Frau* (zu *die Frau*) und *des Kindes* (zu *das Kind*). Diese Wortform kann ganz unterschiedliche Funktionen im Satz erfüllen. Da ist zunächst einmal das Genitivattribut, das sich auf ein Substantiv bezieht. In Fällen wie *der Freund meiner Tochter* steht *meiner Tochter* im Genitiv und ist auf *der Freund* bezogen. Wenn ein Eigenname im Genitiv steht, geht er häufig dem Bezugswort voraus, z. B. *Noras Freund.*

Eine ganz andere Art von Genitiv ist der Objektsgenitiv in Sätzen wie *man beschuldigte ihn des Mordes* oder *die Trauergemeinde gedachte des Verstorbenen*. In solchen Fällen ist der Genitiv durch das Verb «verursacht», das eine Ergänzung im Genitiv, eben ein Genitivobjekt, erfordert. Wieder eine andere Art von Genitiv ist durch Präpositionen bedingt wie z. B. *wegen seines Temperaments* oder *kraft seines Amtes* oder *infolge seiner Behinderung*. Diese unterschiedlichen syntaktischen Erscheinungsformen des Genitivs muss man jeweils für sich genommen betrachten.

Das Genitivobjekt, das auf älteren Stufen des Deutschen von wesentlich mehr Verben gefordert wurde als heute, führt gegenwärtig nur noch ein Dasein im Reservat. Schutz findet es insbesondere in der Rechtsprache, wenn man an typische Verben oder verbale Ausdrücke wie *(jemanden des Mordes) anklagen, überführen, für schuldig befinden, bezichtigen* denkt. Außerdem kann es sich in stilistischen Nischen behaupten, die eine besondere Affinität zu eher konservativem Sprechen oder Schreiben haben: *der Bundestag gedachte der Opfer* oder *der Herr erbarmt sich der Gerechten*. Aber nicht alle Verben, die ein Genitivobjekt erfordern, sind rechtssprachlich oder stilistisch markiert. Beispiele: *sich enthalten* (z. B. *ich enthalte mich der Stimme*), *bedürfen* (z. B. *das bedarf der baldigen Klärung*), *sich bedienen* (z. B. *unser Außenminister bedient sich nicht gerne des Englischen*) oder *sich annehmen* (z. B. *der Chef nimmt sich der Sache persönlich an*). Zwar ist der Genitiv auch bei diesen Verben bedroht, doch ist es nicht in erster Linie der Dativ, der ihm zusetzt, sondern es sind oft Ausdrucksalternativen mit Präpositionen: *er wurde wegen Mord angeklagt* oder *der Herr erbarmt sich über die Gerechten.* Verben, die ein Objekt im Genitiv erfordern, werden teilweise auch durch andere ersetzt, so dass sich die Frage «Genitiv ja oder nein?» gar nicht stellt. Beispiele: *das bedarf der baldigen Klärung* aber auch *das verlangt nach einer baldigen Klärung* oder *der Außenminister bedient sich ungern des Englischen* aber auch … *benutzt ungern das Englische* oder *der Chef nimmt sich der Sache persönlich an,* aber auch *kümmert sich persönlich um die Sache.* Den Dativ trifft am Schicksal des Genitivobjekts die geringste Schuld.

Das Genitivattribut ist (noch?) nicht in derselben Bedrängnis wie das Genitivobjekt, gerät aber ebenfalls zunehmend unter Druck durch Ausdrucksalternativen, die sich in der Umgangssprache bereits weitgehend durchgesetzt haben. Man kann z. B. sagen (1) *der Freund meiner Tochter* mit Genitiv, (2) *der Freund von meiner Tochter* mit präpositionaler Fügung, aber auch (3) *meiner Tochter ihr Freund* mit possessivem Dativ. Der Unterschied zwischen den Varianten (1), (2) und (3) ist eigentlich nicht grammatikalisch, sondern stilistisch. Im geschriebenen Hochdeutsch würde man wahrscheinlich auf die klassische Konstruktion mit dem Genitiv (1) zurückgreifen. Hier steht der Genitiv noch unter dem Schutz der normativen (Schul-) Grammatik. In der gesprochenen Umgangssprache dominiert dagegen die Variante (2) mit *von* (die im Niederländischen, aber auch in den deutschen Dialekten das Genitivattribut schon lange verdrängt hat). Möglichkeit (3) ist bislang erst in der zwanglosen Umgangssprache gebräuchlich. Unter Mitteilungsaspekten ist gegen Konstruktionen mit dem «possessivem Dativ» nichts einzuwenden. Und weil kommunikative Belange auf lange Sicht wohl doch stärker sind als grammatische Normierungen, könnten dem Genitivattribut seine Tage irgendwann gezählt sein.

Ganz anders beim präpositionalen Genitiv. Es gibt zwar seit jeher im Deutschen Präpositionen, die den Genitiv erfordern wie *wegen/ trotz/aufgrund/infolge des schlechten Wetters* oder *diesseits/jenseits/beiderseits der Autobahn.* Gegenwärtig setzt sich der Genitiv aber auch bei solchen Präpositionen durch, die bislang den Dativ oder Akkusativ verlangten: Einer Tageszeitung zufolge liegt das Kanzleramt *gegenüber des Reichstags* (nicht mit Dativ *gegenüber dem Reichstag*), ein Radioreport berichtete, dass jemand *nahe seines Heimatortes* beigesetzt worden sei (nicht mit Dativ *nahe seinem Heimatort*), und einem Nachrichtenmagazin sind die Beispiele *entgegen der al-Qaida-Terroranweisungen* (nicht mit Dativ *entgegen den al-Qaida-Terroranweisungen*) und *wider besseren Wissens* (nicht mit Akkusativ *wider besseres Wissen*) entnommen. Zumindest was solche Fälle betrifft, kann man sagen: Das ist des Genitivs Rache!

67. Sind Nebensätze nebensächlich?

Man kennt Äußerungen wie *er hat sein Missgeschick nur in einem Nebensatz erwähnt.* Damit ist gemeint ‹er hat sein Missgeschick nur kurz nebenbei erwähnt›. In der Sprachwissenschaft ist der Begriff «Nebensatz» gerade wegen solcher falschen Assoziationen verpönt. Man spricht daher besser von «abhängigen Sätzen». «Abhängig» sind «Nebensätze» insofern, als sie nicht selbständig ohne einen «Hauptsatz» bzw. «übergeordneten Satz» (auch «Matrixsatz» genannt) stehen können. Nehmen wir das Beispiel *wer wagt, gewinnt.* Weder *wer wagt* noch *gewinnt* kann alleine stehen. An der Stelle von *wer wagt* könnte auch der Name Otto stehen: *Otto gewinnt.* Da *Otto* Subjekt ist, ist auch *wer wagt* Subjekt. Ebenso können abhängige Sätze als Objekte fungieren: *ich hoffe, dass Otto gewinnt.* Sie können auch Zeit, Ort, Ursache, Bedingung, Modalitäten und anderes ausdrücken: *Otto besucht Maria, wenn die Sportschau vorbei ist* (Zeit – Temporalsatz), *er traf sich mit Maria, wo der Weg zum Strand abbiegt* (Ort – Lokalsatz), *er macht einen Schnappschuss von ihr, weil sie so fotogen ist* (Ursache – Kausalsatz), *er geht mit ihr ins Kino, falls sie Lust hat* (Bedingung – Konditionalsatz), *er blickt ihr in die Augen, wie es nur Verliebte tun* (Art und Weise – Modalsatz). In *Otto, der ein unglaublicher Charmeur ist...* ist *der ein unglaublicher Charmeur ist* Attributsatz mit Bezug auf *Otto*.

Ein anderer Aspekt, nach dem abhängige Sätze klassifiziert werden können, ist die Art des Anschlusses. Unter Relativsätzen versteht man – unabhängig vom syntaktischen Status – solche abhängigen Sätze, die mit einem Relativpronomen (*wer, der, die, das, welcher, welche, welches*) in das jeweilige Gefüge integriert werden wie *wer andern eine Grube gräbt, fällt selbst hinein* oder *der Mann, der zu viel wusste.* Auch abhängige Sätze, die mit einem Relativadverb (wie *womit, wozu, wodurch*) eingeleitet werden, sind Relativsätze: *der Stoff, woraus die Träume sind.* Davon zu unterscheiden sind Konjunktionalsätze, die deshalb so bezeichnet werden, weil sie mit einer Konjunktion eingeleitet werden (da es sich um syntaktische Unterordnung = Subordination handelt, spricht man auch von «Subjunktionen»). Gemeint sind abhängige Sätze beispielsweise mit *wenn, wo, weil, falls* oder *dass*.

Eingeleitete Nebensätze – gleichgültig ob nun mit Relativpronomen, Relativadverb oder Subjunktion – weisen in der Regel Endstellung des Prädikatsverbs auf. Das belegen alle oben stehenden Beispielsätze. Es gibt aber auch abhängige Sätze, die weder eingeleitet sind noch Endstellung des Prädikatsverbs aufweisen, sondern das Prädikat in Spitzenstellung haben. Häufig kommen darin Bedingungen und/oder zeitliche Relationen zum Ausdruck: *Bist du erst einmal mit dem Examen fertig, wird das Leben auch wieder leichter.* Man könnte umformulieren zu *wenn du erst einmal mit dem Examen fertig bist, wird das Leben auch wieder leichter.*

Zurück zur Eingangsfrage. Abhängige Sätze mit Subjekt- und Objektstatus (man fasst sie auch unter der Kategorie «Inhaltssätze» zusammen) machen Sätze vielfach erst vollständig. Kausal-, Konditional-, Temporalsätze (usw.) steuern in Satzgefügen wichtige Informationen bei. Attributsätze enthalten präzisierende Zusatzinformationen über eine Bezugsgröße. Damit dürfte hinreichend deutlich sein, dass «Nebensätze» keine nebensächlichen Sätze sind.

68. Woher kommt die berüchtigte deutsche Satzklammer?

Schon Mark Twain fand es (in seinem Buch über *The Awful German Language* ‹Die schreckliche deutsche Sprache›) abartig, dass in deutschen Sätzen Zusammengehöriges extrem weit auseinander stehen kann. Das von ihm zitierte abschreckende Beispiel lautet *Da die Koffer nun gepackt waren, REISTE er, nachdem er seine Mutter und Schwestern geküßt und noch einmal sein angebetetes Gretchen an den Busen gedrückt hatte, die, in schlichten weißen Musselin gekleidet, mit einer einzigen Tuberose in den weiten Wellen ihres üppigen braunen Haares, kraftlos die Stufen herab gewankt war, noch bleich von der Angst und Aufregung des vergangenen Abends, aber voller Sehnsucht, ihren armen schmerzenden Kopf noch einmal an die Brust dessen zu legen, der sie inniger liebte als ihr Leben, AB.* Im Deutschen können also, wie Mark Twains Beispiel eindrucksvoll belegt, Verben mit trennbaren Präfixen wie eben *ab-reisen*, aber auch zusammengesetzte Verbformen (Perfekt, Futur, Konjunktiv II), außerdem Gefüge mit Modalverb (*müssen, mögen, dürfen, wollen, sollen, können*) und Vollverb im Infinitiv in der Weise Klammern bilden, dass in selbständigen Aussagesätzen das flektierte («finite») Verb an zweiter Stelle steht, das zugehörige Element an späterer Position, häufig erst ganz am Ende eines umfangreichen Satzes. Zwischen beiden Klammerteilen kann zumindest theoretisch eine unbegrenzte Menge von Satzgliedern positioniert sein. Keine andere europäische Sprache weist ein vergleichbares Anordnungsprinzip auf, und so drängt sich natürlich die Frage auf, seit wann das Deutsche diese merkwürdige Struktureigenschaft zeigt und warum es dazu kam.

Anfänge zur Klammerbildung sind schon früh in der deutschen Sprachgeschichte zu beobachten. Schon im althochdeutschen *Hildebrandslied*, das im frühen 9. Jahrhundert aufgeschrieben worden ist, sagt der alte Hildebrand zu seinem Sohn, der ihn nicht mehr erkennt und den vermeintlich Fremden zu einem Zweikampf herausfordert: *doh maht du nu aodlihho, ibu dir din ellen taoc, in sus heremo man hrusti giwinnan* ‹doch kannst du nun leicht, wenn deine Kraft dazu reicht, von einem so alten Mann die Rüstung erbeuten›. Das Modalverb *maht* ‹kannst› und der zugehörige Infinitiv *giwinnan* ‹erbeuten› bilden hier eine weit gespannte Klammer. Für diese frühe Zeit ist das ein Extremfall, der aber zeigt, dass die Satzklammer schon damals möglich war. Im Laufe der mittelhochdeutschen Periode (11. bis 14. Jahrhundert) nahmen die Tendenzen zu, und im Deutsch der frühen Neuzeit (14. bis 17. Jahrhundert) setzte sie sich endgültig durch. Eine Vorreiterrolle kam dabei den fürstlichen und städtischen Kanzleien zu, den anerkannten Kompetenzzentren in Sachen Schreiben. Die Kanzleien kultivierten einen sehr komplexen Schreibstil mit teilweise kaum überschaubaren Satzperioden und extrem gespannten Satzklammern. Auch in der Barockzeit und darüber hinaus galten weite Klammern mit möglichst vielen darin eingeschlossenen Satzgliedern als Indizien einer gehobenen Bildung. Das hätte aber nicht notwendigerweise dazu führen müssen, dass das Klammerprinzip bis heute beibehalten wurde. Man kann das Phänomen der Satzklammer nicht nur mit dem Hinweis auf den einstigen Prestigewert begründen. Dass das Strukturprinzip beibehalten wurde, hängt damit zusammen, dass es damit auch eine kommunikative Bewandtnis hat. Die Klammer ergibt einen doppelten Effekt: Erstens werden grammatische und lexikalische Information auseinander genommen, wodurch das den Prädikatsinhalt tragende Verb von grammatischen Funktionen (Person, Numerus, Tempus, Modus) entlastet wird, und zweitens wird ein Spannungsbogen aufgebaut, der auf das am Ende stehende Vollverb als Zielpunkt der Aussage zuläuft. Ein Satztorso wie *Der 1. FC Nürnberg hat gestern das Spiel gegen Bayern München mit 5:0* baut einen Spannungsbogen auf, der nach «Entspannung» geradezu schreit: *gewonnen.*

Die verbale Klammer ist ein hervorstechendes Merkmal des Deutschen, aber auch im nominalen Bereich gibt es ein vergleichbares, nur
weniger auffälliges Pendant. Hier bildet der Artikel zusammen mit
dem Substantiv, auf das er sich bezieht, eine Klammer, die ebenfalls
eine Reihe von Attributen einschließen kann. Ein Beispiel für eine
sich immer weiter öffnende nominale Klammer wäre *der [ ] Junge – der
[kleine] Junge – der [kleine, freche] Junge – der [kleine, freche, meistens aber
doch eigentlich sehr liebe] Junge* usw. Auch nominale Klammern kann
man also theoretisch endlos aufspannen. Quantitative Grenzen sind
ihr nur durch die Belastbarkeit des Kurzzeitgedächtnisses gesetzt.

**69. Nach welchen Regeln werden die Wörter in einem deutschen
Satz angeordnet?** In längeren Sätzen werden die einzelnen Wörter
nicht einfach irgendwie neben- oder aneinander gereiht, sondern es
gibt bestimmte Regeln, nach denen die Abfolge der Satzglieder und
Einzelwörter erfolgt. Diese Regeln sind teilweise grammatischer Art
und teilweise satzrhythmisch. Jeder Sprecher und Schreiber hat aber
auch individuelle Gestaltungsfreiheiten.

Bleiben wir beim einfachen Aussagesatz. Hier gilt die Regel, dass
das flektierte Verb an zweiter Stelle steht. Davor steht ein Satzglied.
In den weitaus meisten Fällen ist es das Subjekt, doch können auch
andere Satzglieder in diese Erstposition gestellt werden, wodurch
sich ein Hervorhebungseffekt ergibt. Man vergleiche *der kleine Junge ist
frech* (Normalabfolge) gegenüber *frech ist der kleine Junge* («markierte»
Abfolge). Bei mehrgliedrigen Prädikaten, d. h. bei zusammengesetzten Zeitformen (Perfekt, Futur), beim Passiv, bei Gefügen aus Modal-
und Vollverb und bei trennbaren Verbzusätzen (*aus-gehen, herein-kom-
men, herum-meckern* usw.), ergeben sich infolge der Satzklammer drei
«Felder»: (1) das Vorfeld vor dem flektierten Verb als erstem Klammerteil, (2) das eingeklammerte Mittelfeld und (3) das Nachfeld hinter dem zweiten Klammerteil. Das Vorfeld muss auch bei dieser Drei-
felderstruktur besetzt sein. Ob das Mittelfeld besetzt ist, hängt davon
ab, ob «Füllmaterial» dafür vorhanden ist. In *der Junge ist gerannt* ist
das Mittelfeld leer. Die beiden Klammerteile *ist* und *gerannt* stehen
deshalb in direktem Kontakt. In *der Junge ist über den Sportplatz gerannt*
ist es mit *über den Sportplatz* besetzt. Das Nachfeld bleibt häufig leer,
kann aber mit umfänglicheren Satzgliedern besetzt werden, die,
stünden sie im Mittelfeld, die Klammer «überdehnen» würden: *der
Junge ist schnell über den Sportplatz gerannt, als er sah, dass auch sein Freund*

kam. Möglich wäre freilich auch eine Positionierung des Temporal-satzes im Mittelfeld: *der Junge ist, als er sah, dass auch sein Freund kam, über den Sportplatz gerannt.*

Für die Besetzung des Mittelfeldes gibt es also keine starren Re-geln, wohl aber Regularitäten mit einer gewissen Toleranz- und Va-riationsbreite. Tendenziell stehen Pronomina weiter vorne, also in unmittelbarer Nähe zum ersten Klammerteil, dem finiten Verb. Um-fangreiche Satzglieder (z. B. präpositionale Fügungen) stehen eher in der Nähe des zweiten Klammerteils. Beispiel: *der Junge hat es* (Prono-men) *mit dem Fernglas* (präpositionale Fügung) *beobachtet.* Üblicher-weise stehen Dativobjekte vor Akkusativobjekten: *der Junge hat einem Freund sein Fahrrad geliehen.* Ein Platztausch ist möglich, ergibt aber wieder einen Hervorhebungseffekt: *der Junge hat sein Fahrrad einem Freund* (nicht etwa seinem Bruder oder sonst jemandem) *geliehen.* Ins-gesamt kann man bei der Besetzung des Mittel- und Nachfeldes be-obachten, dass es eine Tendenz gibt, längere Satzglieder im Mittelfeld nach hinten zu rücken oder sie ins Nachfeld zu stellen. Man hat diese Regularität das «Gesetz der wachsenden Glieder» genannt. Die Quantität für sich genommen reicht als Begründung jedoch noch nicht aus. Denn warum sollten umfangreiche Satzglieder nicht ebenso gut vorne, also am Satzanfang, positioniert werden können? Hier kommt die Informationsstruktur ins Spiel: Umfangreiche Satz-glieder enthalten in der Regel auch das, was in einem Satz das Neue, Relevante, eben die zentrale Information ist. Das Bekannte steht am Anfang. Die Aussage läuft auf das Neue zu. Wenn wir uns den Satz *der Junge ist schnell über den Sportplatz gerannt, als er sah, dass auch sein Freund kam* unter diesem Aspekt ansehen, stellen wir fest, dass in der Tat die einzelnen Satzglieder (nämlich *schnell* und *über den Sportplatz* sowie *als er sah, dass auch sein Freund kam*) «wachsen». Das Subjekt des Satzes, *der Junge*, wird als bekannt vorausgesetzt und steht deshalb am Anfang. Das finite Verb *ist* «erledigt» das grammatisch Notwendige. Das Neue, die eigentliche Information, steckt in den folgenden Satzglie-dern, deren Relevanz mit dem Umfang steigt.

70. Was sind Ellipsen (und wozu sind sie gut)? Unter Ellipsen versteht man grammatisch unvollständige Konstruktionen, was so-gleich den Verdacht nahe legen könnte, dass es sich dabei um Regel-widrigkeiten und sprachliche Fehlleistungen handle. Schließlich hat man irgendwann in der Schule gelernt, dass man «in ganzen Sätzen sprechen» solle (und wenn schon nicht sprechen, so doch wenigstens schreiben).

Es gibt ganz unterschiedliche Arten von Ellipsen. In parallelen Sätzen können gemeinsame Satzglieder entfallen: *Otto sieht sich gerne die Sportschau an, Maria [sieht sich die Sportschau] überhaupt nicht [gerne an]*. Wenn ein und dasselbe Adjektiv attributiv auf zwei verschiedene Substantive bezogen wird, wird es häufig nicht wiederholt: *Im Dom kann man alte Fresken und [alte] Glasmalereien bewundern*. Umgekehrt muss ein Substantiv nicht wiederholt werden, wenn zwei unterschiedliche Adjektive darauf bezogen werden: *Nachts sieht man den Großen und den Kleinen Wagen*. Auch komplexe Wörter mit gleichen Bestandteilen können elliptisch gekürzt werden: *Garten-[pflanzen] und Zimmerpflanzen*.

Streng genommen sind auch viele Äußerungen, die nur aus einem Wort bestehen, elliptisch wie z. B. *danke* oder *Hilfe!* oder *Quatsch*. Zugrunde liegen die Sätze *ich danke dir, ich brauche Hilfe* bzw. *das ist Quatsch*. In konkreten Situationskontexten erübrigen sich diese Vollsätze oder sie sind mitunter – wie im Fall von *Hilfe!* – nicht möglich. In Dialogkontexten kann ein Sprecher bereits Erwähntes oder Selbstverständliches unausgesprochen in seine eigene Äußerung mit einbeziehen. Ein typisches Kurzgespräch an der Wursttheke: Kunde: [*ich möchte*] *bitte hundert Gramm Streichwurst*. Verkäufer: [*bekommen Sie*] *außerdem* [*noch etwas*]? Kunde: [*ich*] *danke* [*Ihnen, ich brauche nichts mehr*]. Verkäufer: [*ich habe Sie*] *gerne* [*bedient*]. Die Vollversion mit den eingeklammerten Redeteilen wird man in keinem deutschen Lebensmittelgeschäft zu hören bekommen. Ellipsen sind also keineswegs sprachliche Fehlleistungen, auch wenn man nicht «in ganzen Sätzen spricht».

Etwas anderes sind Anakoluthe. Darunter versteht man syntaktische Konstruktionsbrüche, die typische Merkmale der gesprochenen Sprache sind. Sie unterlaufen deshalb, weil man beim Sprechen oft nicht die Zeit hat, so sorgfältig zu formulieren und syntaktisch zu konstruieren wie beim Schreiben. Während man spricht, hat man oft zwei unterschiedliche Konstruktionsmöglichkeiten im Kopf, die sich in ungrammatischer Weise vermischen. Ein Beispiel wäre die Kombination von Neben- und Hauptsatz wie *wenn ich sonst nichts zu tun habe und ich habe Lust aufs Kino, dann komme ich noch*. Hier sind ein Konditionalsatz (*wenn ich sonst nichts zu tun habe*) und ein Hauptsatz (*ich habe Lust aufs Kino*) mit *und* in der Weise verbunden, wie es regelkonform nur bei gleichrangigen Nebensätzen möglich ist. Korrekt wäre *wenn ich nicht zu tun habe und wenn ich Lust aufs Kino habe, dann komme ich noch.* Das zweite *und wenn* könnte ebenso wie das erste Prädikat *habe* eingespart werden. Das ergäbe *wenn ich nichts zu tun und Lust aufs Kino habe, dann komme ich noch.* In diesem Fall läge «nur» eine Ellipse vor, kein Anakoluth. In mündlichen Gesprächssituationen fallen solche Brüche kaum auf, und sie beeinträchtigen die Verständigung auch nicht. Wenn man einen Text schriftlich ausformuliert, sollte man Anakoluthe – anders als Ellipsen – vermeiden.

Wortschatz

71. Was ist ein Wort? Im alltagssprachlichen Gebrauch ist das Wort *Wort* nicht besonders problematisch: Ein Schüler muss morgens im Bus noch rasch seine *Wörter* lernen, sein Kumpel sitzt daneben und sagt *kein Wort,* um ihn nicht dabei zu stören. Bei den Äußerungen manches Politikers fehlen einem glatt *die Worte,* vor allem dann, wenn er auf etwas *sein Wort* gibt. Seltsamerweise haben aber ausgerechnet Grammatiker Probleme mit dem Wort *Wort.* Das kommt daher, dass es ganz verschiedene Zugänge zu diesem Begriff gibt. Je nachdem, ob man von orthografischen Kriterien ausgeht, ob man die Frage von der lexikalisch-begrifflichen Seite her angeht, oder ob man syntaktische Aspekte in den Vordergrund stellt, kommt man zu einem jeweils unterschiedlichen Verständnis dessen, was ein «Wort» ist.

In orthografischer Hinsicht ist ein «Wort» alles, was aus Buchstaben besteht und sich zwischen zwei Leerzeichen befindet. Doch diese simple Definition ist zirkulär, denn es bringt nicht weiter, wenn man sagt, alles, was zwischen zwei Leerzeichen steht, sei ein Wort, und deshalb stehe jedes Wort zwischen zwei Leerzeichen. Man braucht also bereits ein Vorverständnis von «Wort», das man von einer anderen Ebene bezieht. Die mündliche Sprache kann diese Ebene übrigens nicht sein, denn die Leerzeichen in einem geschriebenen Text korrelieren ja in keiner Weise mit Pausen zwischen gesprochenen Wörtern. Wortgrenzen werden von Hörern nicht anhand von akustischen «Löchern» identifiziert. Wie problematisch eine rein orthografische «Wort»-Definition ist, zeigt sich nicht zuletzt darin, dass im Rahmen der Rechtschreibreform gerade die Zusammen- und Getrenntschreibung höchst kontrovers diskutiert wurde.

In lexikalischer Hinsicht ist ein Wort (vereinfacht gesagt) das, was in einem Wörterbuch als Stichwort geführt wird, und zwar unter Abstraktion von unterschiedlichen grammatischen Formen, die von dem betreffenden Wort gebildet werden. Der Terminus dafür ist «Lexem». So gesehen repräsentieren die Wörter *trinke, trinkst, trinkt, trank, tranken, getrunken* ein und dasselbe Lexem, das eigentlich eine abstrakte Einheit im mentalen Lexikon ist. Es kann nur in einer bestimmten Realisationsform in einer gesprochenen oder geschriebenen Äußerung materialisiert sein. In deutschen Wörterbüchern gilt die Konvention, Verben im Infinitiv anzugeben (z. B. *trinken*, nicht *trinkst* oder *trank*), Substantive im Nominativ Singular (also *Baum*, nicht etwa *Baumes, Bäume* o. ä.). Adjektive werden in der unflektierten, also endungslosen Form aufgeführt (also *grün*, nicht *grüner, grünem* o. ä.). Aber selbst diese Nennformen sind nicht die Lexeme selbst, sondern nur bestimmte Realisationsformen davon.

In vielen Fällen evoziert ein Lexem beim Hörer oder Leser eine bestimmte Vorstellung. Jeder Deutschsprecher verbindet etwas mit *Baum, trinken* oder *grün*. Es wäre aber falsch, zwischen Lexem und Vorstellung eine 1:1-Relation anzunehmen, denn vielfach verbinden sich mit einem einzelnen Lexem mehrere Vorstellungsinhalte. Wenn man das Verbum *trinken* zu *austrinken* erweitert, kommt ein zusätzlicher Vorstellungsinhalt mit ins Spiel. Dennoch ist auch *austrinken* ein einziges Lexem. Bildet man einen Satz wie *ich trinke das Glas nicht mehr aus*, dann sind aus dem einen Lexem (*austrinken*) plötzlich zwei Wörter (*trinke* und *aus*) geworden – eine weitere Schwierigkeit für eine kohärente «Wort»-Definition.

Ernüchterndes Fazit: Eine allgemein anerkannte und «wasserdichte» linguistische Definition des Wortes *Wort* gibt es nicht. Was es gibt, sind relative Begriffsbestimmungen in Abhängigkeit von der jeweiligen Zugriffsweise.

72. Welche Wortarten gibt es im Deutschen? Es gibt verschiedene Möglichkeiten, den deutschen Wortschatz zu klassifizieren. Man kann nach semantischen Gesichtspunkten vorgehen und zwischen Wörtern, die eine eigene Bedeutung haben, und solchen, die zwar wichtige Funktionen im Satz wahrnehmen, aber keine Bedeutung im lexikalischen Sinne haben, unterscheiden. Man verbindet –

nur um ein Beispiel zu nennen – mit Substantiven (wie *Baum*), Adjektiven (wie *grün*) und Verben (wie *trinken*) mehr oder weniger konkrete Vorstellungen. Bei Wörtern wie *doch*, *und* oder *über* ist das nicht der Fall. Die erste Gruppe, also die Wörter mit Eigenbedeutung, bezeichnet man als «Autosemantika», die zweite als «Synsemantika», weil sie eine semantische Funktion erst im Kontext mit Autosemantika entfalten. «Autosemantika» sind Substantive, Verben, Adjektive und manche Adverbien (wie *plötzlich*, *schließlich*, *kaum*, *bald*). «Synsemantika» sind Pronomina (wie *ich*, *er*, *dieser*, *jener*, *mein*, *kein*, *niemand*), denen auch die Artikel zugerechnet werden können, Präpositionen (wie *auf*, *in*, *über*, *nach*), beiordnende Konjunktionen (z. B. *und*, *oder*, *aber*) und unterordnende Subjunktionen (z. B. *dass*, *weil*, *wenn*, *ob*), Adverbien wie *so*, *dann*, *deswegen* und Partikeln wie *halt*, *ja*, *doch* usw.

Eine andere Einteilung stellt formale Kriterien in den Vordergrund und unterscheidet für das Deutsche ebenfalls zwei große Gruppen von Wörtern, nämlich erstens solche, die flektierbar sind und zweitens solche Wörter, die, egal wie sie verwendet werden, stets ein und dieselbe Form beibehalten. Zur ersten Gruppe gehören Verben, Substantive, Adjektive und Pronomina. Zur zweiten gehören Konjunktionen, Präpositionen, Partikeln und Adverbien. Zwischen «Autosemantika» und flektierenden Wortarten auf der einen Seite sowie «Synsemantika» und nicht flektierenden Wortarten auf der anderen besteht zwar teilweise Deckungsgleichheit, aber keine völlige Übereinstimmung. Pronomina beispielsweise sind flektierbar, gehören aber dennoch zu den Synsemantika. Adverbien wie *gestern* oder *nachts* sind nicht flektierbar, aber dennoch Autosemantika.

Es gibt auch Grenzgänger zwischen den Wortarten. So können Substantive zu Präpositionen werden. Das ist beispielsweise der Fall bei *kraft meines Amtes* oder *dank seiner Geistesgegenwart*. Hier kann man den Übergang noch nachvollziehen. Andere Präpositionen oder Subjunktionen entpuppen sich erst dann als einstige Substantive, wenn man in die Sprachgeschichte zurückgeht. Das ist beispielsweise der Fall bei *weil*, das mit *Weile* zusammengehört. Im älteren Deutschen wurden noch Temporalsätze mit *(die) weil(e)* eingeleitet. In Luthers Bibelübersetzung beispielsweise heißt es: *alle diese Schuld habe ich dir erlassen, die weil du mich batest*. Hier ist *die weil* noch temporal, und man müsste *die weil du mich batest* wiedergeben mit ‹in dem Moment, als du mich batest›. Aber es schwingt bereits die kausale Bedeutung mit: ‹weil du mich batest›.

Auch Verben können in eine andere Wortart übergehen. Ein Beispiel dafür ist *während*. Es handelt sich, wie leicht zu erkennen ist, um ein Partizip von *währen* ‹andauern›. Aber wie vollzog sich der Übergang vom Verb zur Präposition? Es gab im älteren Deutschen die (heute nicht mehr vorhandene) Möglichkeit, eine Zeitangabe mit dem Genitiv zu konstruieren (Relikte davon sind noch *tags, sommers, winters*). Temporale genitivische Fügungen wie *während Festes* oder *währender Hochzeit* wurden uminterpretiert zu *während des Festes* bzw. *während der Hochzeit*. Der Wortausgang *-des* bzw. *-der* des Partizips wurde zum Artikel des nachfolgendes Substantivs umgedeutet. Die Wortartgrenzen sind also nicht hermetisch geschlossen, sondern, wie die Sprachgeschichte lehrt, von Fall zu Fall auch durchlässig.

73. Was gibt es für deutsche Wörterbücher?

Es gibt ganz unterschiedliche deutsche Wörterbücher und Wörterbuchtypen, weil es sehr verschiedene Wörterbuchzwecke gibt. Ein gutes Rechtschreibwörterbuch (wie z. B. der Rechtschreib-Duden) hat den Hauptzweck, Wort für Wort die richtige Schreibweise zusammen mit den Regeln für die Silbentrennung anzugeben. Ein philologisches Belegwörterbuch hat dagegen die Aufgabe, den deutschen Wortschatz nicht nur zu registrieren, sondern ihn auch mit Belegzitaten aus der «schönen» Literatur ebenso wie aus Zeitungen und anderen Textbereichen zu dokumentieren. Ein solches Wörterbuch ist das noch von den Brüdern Grimm begonnene «Deutsche Wörterbuch», dessen erste Bände gegenwärtig neu geschrieben werden. Belegwörterbücher sind auch die umfangreichen Sprachstufenwörterbücher des Alt-, Mittel- und Frühneuhochdeutschen, soweit es sich nicht nur um reine Hilfsmittel zum Nachschlagen von veralteten Vokabeln handelt. Diese Wörterbücher verzeichnen den überlieferten Wortschatz der jeweiligen historischen Sprachstufe, sind aber nicht nur für Sprachhistoriker von Interesse, sondern auch für Allgemeinhistoriker, Volkskundler, Rechtshistoriker, Kulturwissenschaftler.

Da der deutsche Sprachraum in eine Vielzahl von Dialekten gegliedert ist, gibt es spezielle Wörterbücher für die Großmundarten wie Bairisch, Schwäbisch, Hessisch, Thüringisch usw. von den Küsten bis an den Südrand des Sprachgebiets in Kärnten, Steiermark, Tirol und der Schweiz. Sie liegen teilweise fertig vor, oder erscheinen gegenwärtig sukzessive in Lieferungen. Dialektwörterbücher sind keine Kuriositätensammlungen, sondern dokumentieren stets den Gesamtwortschatz eines Mundartraumes und bieten zumeist Belege aus Erhebungen bei Gewährsleuten und aus der gegenwärtigen Mundartliteratur. Manche Dialektwörterbücher (vor allem der süddeutschen Dialekte) gehen auch in die Sprachgeschichte zurück und schließen den historischen Wortschatz des jeweiligen Gebiets mit ein.

Etymologische Wörterbücher haben die Aufgabe, die Herkunft der deutschen Wörter nachzuweisen. Vieles noch im heutigen Deutschen ist über Jahrhunderte, manches sogar über Jahrtausende ererbt und geht auf das Indogermanische zurück (wie z. B. unsere Elementarzahlen), anderes hat immerhin germanisches Alter. Im heutigen deutschen Wortschatz findet sich jede vorangegangene Epoche wieder. Synonymenwörterbücher sind dazu da, bedeutungsgleiche oder -ähnliche Wörter zu verzeichnen und zusammenzufassen. Fachwörterbücher müssen die Terminologien einzelner Wissensbereiche verzeichnen und erläutern. Das mehrbändige Deutsche Fremdwörterbuch enthält nicht nur Bedeutungsangaben zu Wörtern, die aus Kontaktsprachen ins Deutsche übernommen worden sind, sondern datiert auch den Zeitpunkt der Entlehnung, zitiert die frühesten Belege und verfolgt die weitere Wortgeschichte.

Aufgrund von Migration und Globalisierung ist ein Bedarf an speziellen Lernerwörterbüchern entstanden. Sie sind auf die besonderen Belange von Personen zugeschnitten, die Deutsch als Fremdsprache erlernen. Wortfamilienwörterbücher ordnen den Wortschatz nicht alphabetisch, wie man es üblicherweise gewohnt ist, sondern es macht Zusammengehörigkeiten zwischen Wörtern sichtbar, die morphologisch und etymologisch zu einer «Familie» zusammengehören wie beispielsweise *ziehen, an-, aus-, ein-ziehen, Ziehung, Be-ziehung, Zug* usw.

74. Woher kommen unsere Personennamen? Bei Personennamen muss man unterscheiden zwischen Vor- und Nachnamen. Seit jeher, also lange bevor sich im deutschen Sprachraum Familiennamen einbürgerten, haben Eltern ihren Kindern Namen gegeben (die dann logischerweise keine Vor-Namen waren). Ein Kernbestand der heute gebräuchlichen Vornamen geht auf das Germanische zurück. Anders als bei heutigen Namen wie *Klaus* oder *Monika*, mit denen man keine Wortbedeutung verbindet (sondern die man allenfalls mit Namensträgern assoziiert, die man zufällig kennt), verwendeten die Germanen Wörter mit «echter» Bedeutung, um ihre Kinder zu benennen. Oft setzten sich diese Namen aus zwei bedeutungstragenden Komponenten zusammen. Beispiele dafür sind *Ludwig* (‹berühmt› und ‹Kampf›), *Ulrich* (‹Besitz› und ‹reich›) *Hildegund* (‹Feuer› und ‹Kampf›), *Friedrich* (‹Friede› und ‹reich›). Wie heute kürzte man auch schon früher solche Namen zu Koseformen ab. *Otto* ist beispielsweise eine Kurzform zu *Audoberht* (‹Besitz› und ‹leuchtend›). Viele der alten Namen wurden im Mittelalter weiter verwendet. Besonders populär waren Sagenhelden wie *Dietrich* oder *Gunther* oder Könige wie *Karl, Otto, Heinrich, Friedrich* oder *Konrad*. Nur allmählich wurden auch biblische Namen oder Heiligennamen wie *Katharina* und *Elisabeth*, *Joseph* und *Nikolaus* üblich. Erst in jüngerer Zeit überwand man die Scheu, Kinder *Maria* oder *Josef* zu nennen. *Jesus* kommt bis heute als deutscher Name nicht vor. Die Reformation führte dazu, dass Heiligennamen in den protestantischen Gebieten außer Gebrauch kamen und vor allem biblisch «sanktionierte» Namen verwendet wurden. Gegenwärtig werden Kinder auch nach profanen Vorbildern benannt. Der Film *Ronja Räubertochter* nach dem gleichnamigen Roman von Astrid Lindgren lieferte in den 80er Jahren des vorigen Jahrhunderts den Vornamen für nicht wenige Mädchen, und später hießen Jungen *Frodo*, weil sich die Eltern für den *Herrn der Ringe* begeisterten.

Die Familiennamen kamen erst im späteren Mittelalter (ungefähr ab dem 14. Jahrhundert) in Gebrauch, und zwar zuerst in den Städten, weil man dort die diversen *Rudolfe, Friedriche* usw. anders nicht mehr unterscheiden konnte. Für eine Übergangsphase benannte man den einen *Rudolf*, weil er von auffallender Körperlänge war, als *Rudolf der Groß(e)* oder *der Lang(e)*; den andern wegen seine Haarfarbe als *Rudolf der Schwarz(e)* und den dritten Namensvetter nach seinem Beruf als *Rudolf der Müller*. Dann fielen die Artikel weg, und es blieben *Rudolf Große* (*Groß* ohne *–e* ist die süddeutsche Variante), *Rudolf Schwarz(e)* und *Rudolf Müller*.

Es gab natürlich auch andere Benennungsmotive: Hießen Vater und Sohn *Hans*, dann nannte man den Sohn, um ihn vom Vater zu unterscheiden, kurzerhand *Junghans*. Ging der Name dann auf dessen Sohn über, war daraus ein Familienname geworden. Viele Nachnamen wie *Peters* oder *Friedrichs* waren ursprünglich Genitive vom Vatersnamen. Ein *Hans Peters* oder *Friedrichs* war also der Sohn eines *Peter* oder *Friedrich*. Als es zur Zeit des Humanismus modern wurde, Namen zu latinisieren und ein *Peter* sich deshalb *Petrus* nannte und ein *Martin* es zeitgemäßer fand, *Martinus* zu heißen, erhielten die Söhne die passenden Zunamen mit der lateinischen Genitivendung

Petri und der von *Martin* folgerichtig *Martini*. Eine typisch norddeutsche Variante sind die Namen auf *–sen* wie *Petersen* und *Friedrichsen*. Das *–sen* ist nur ein leicht abgeändertes *–sohn*. Auch körperliche Auffälligkeiten konnten namengebend sein. In den 70er Jahren spielte ein gewisser *Bernd Hölzenbein* bei Eintracht Frankfurt. Einer seiner Vorfahren muss tatsächlich ein Holzbein gehabt haben. Zugezogene benannte man nach ihrer Herkunft als *Schwab(e)*, *Bayer*, *Frank(e)*, *Sachs(e)* oder *Sass(e)*.

In den Dörfern kam man noch länger ohne Zunamen aus, weil es den Unterscheidungsbedarf nicht in dem Maße gab wie in den Städten. Doch ab dem 16. und 17. Jahrhundert wurden Zunamen auch auf dem Lande gebräuchlich. Typisch hierfür sind Benennungen nach der Lage des bewohnten Anwesens wie *Berger*, *Bachmann*, *Bühler* (zu *Bühel* ‹Hügel›). Ein *Brunnhuber* bewohnte eine *Hube* mit einem *Brunnen*. Nachzügler im deutschen Sprachraum waren die Friesen. Sie wurden erst von Napoleon gezwungen, Nachnamen anzunehmen. Auch die jüdische Bevölkerung kam lange Zeit nur mit Vornamen aus und wurde erst um 1800 von bürokratischer Seite mehr oder weniger dazu genötigt, sich Nachnamen zuzulegen. So kam es zu den typisch jüdischen Familiennamen wie *Rosenberg*, *Blumental* oder *Morgentau*.

Frauen behielten im Mittelalter ihren Familiennamen bei. Erst im Laufe der frühen Neuzeit nahmen Frauen den Namen ihres Mannes an, allerdings erweitert um das Suffix *–in*. Katharina von Bora, die Ehefrau Luthers, bezeichnet sich in Briefen mehrmals selbst ostentativ als *Katharina Lutherin*. Und *Luise Adelgunde Victorie*, die Gemahlin von Johann Christoph Gottsched, nannte sich *Gottschedin*.

In allen europäischen Ländern lassen sich aufgrund gleichartiger Bevölkerungsentwicklungen vergleichbare Vorgänge beobachten. Dem sehr häufigen deutschen Familiennamen *Schmid(t)* entsprechen beispielsweise in England *Smith*, in Italien *Ferrero* und *Magnani*, in Frankreich *Fèvre*, in Spanien *Herrero*, in Serbien und Kroatien *Kovač*, in Polen *Kowalski*, im Irischen und Schottischen *(Mac* oder *O')* *Gowan*, im Finnischen *Seppänen* und im Estnischen kurz *Sepp*. Nur die Isländer haben mehrheitlich keine Familiennamen. Der Sohn eines *Jón* heißt *Jónsson*, seine Tochter *Jónsdóttir*. Weitervererbt werden diese Zunamen nicht. In der nächsten Generation wird wieder nach dem «aktuellen» Vater benannt.

75. Woher kommen unsere geographischen Namen? Die älteste Schicht geographischer Namen (der Fachausdruck ist «Toponym») im deutschen Sprachraum bilden die Flussnamen, denn auch wenn in vor- und frühgeschichtlicher Zeit Völkerschaften ihre Wohngebiete verließen und andere Ethnien nachrückten, so übernahmen diese in der Regel die bereits vorhandenen Namen. Die ältesten Flussnamen in Deutschland gehen noch auf eine nicht näher fassbare vorgermanische Bevölkerung zurück. Meistens liegt ein Wortstamm mit der Bedeutung ‹Wasser› oder ‹Fluss› zugrunde. Beispiele sind *Elbe*, *Saale* und *Saar*. Dem Keltischen kann man z. B. *Donau* und *Lahn*, *Enns* und *Inn* zuweisen. Dagegen bilden die Flussnamen auf *–ach* (wie *Schwarzach, Salzach, Rottach*) und *–a* wie *Fulda* und *Gera* eine «jüngere» Schicht: Sie sind germanisch. Das Wortelement *–ach* bzw. *–a* ist das germanische Wort für ‹fließendes Gewässer› und verwandt mit lateinisch *aqua*. Es kommt auch isoliert vor in den Flussnamen *Ache* und *Ohe*.

Auch Ortsnamen können ein ehrwürdiges Alter haben und im Extremfall bis in die Zeit keltischer Besiedlung zurückreichen. Das ist der Fall bei *Worms* oder *Bregenz*. Auch der alte Name von Regensburg, *Ratisbona*, ist keltisch. Auf Französisch heißt Regensburg bis heute *Ratisbonne*. In dem Teil Deutschlands, der in der Antike zum römischen Imperium gehörte, gibt es eine große Anzahl von Orts- und Städtenamen, die in diese Zeit zurückreichen, z. B. *Passau* (aus *Castra Batava*, weil dort *Bataver* stationiert waren), *Lorch* (aus *Loriacum*), *Köln* (aus *Colonia Agrippina*), *Worms* (aus *Borbetomagus*), *Kempten* (aus *Campodunum*). Teilweise setzen diese römischen Namen aber ältere keltische Namen voraus, die latinisiert worden sind. Der mittelalterliche Landausbau und die Binnenkolonisation führten zur Gründung zahlreicher Dörfer, die im Laufe der Zeit auch zu Marktorten und Städten aufsteigen konnten. Frühmittelalterliche Ortsnamen vor allem in Süddeutschland enden oft auf *–ing* oder *-ingen* und sind zumeist von Personennamen abgeleitet. *(Alt-) Ötting* ist z. B. auf einen *Otto* zu beziehen, *Gundremmingen* auf einen *Guntram*. Namen der mittelalterlichen Schicht haben häufig Bestandteile wie *–hausen, -felden, -stadt, -dorf, -burg* oder *-heim*. In einer Reihe von Fällen war auch das Patrozinium der örtlichen Kirche oder eines Klosters namengebend, z. B. *St. Ingbert, St. Blasien, St. Gallen* und *St. Pölten* (nach dem hl. *Hippolyt*) oder auch *Johanneskirchen* oder *Mariakirchen*. Im Zuge der mittelalterlichen Ostkolonisation kamen deutschsprachige Siedler in Kontakt mit Slawen und slawischen Ortsnamen. Viele Dorf- und Städtenamen im östlichen Deutschland (aber auch in Österreich) sind deshalb slawischen Ursprungs. Zu nennen wären *Leipzig, Chemnitz, Dresden.*

Flurnamen, also Benennungen unbesiedelter, aber wirtschaftlich genutzter Flächen, können bis ins Mittelalter zurückreichen. Sie sind oft über Generationen mündlich weitergegeben und erst in der Neuzeit verschriftet worden. Nicht selten enthalten sie altes Wortgut, das aus dem Normalwortschatz verschwunden ist, z. B. *Loh* für ‹Wald›, *Gehre* für ‹keilförmiges Feld› oder *Bruch* (das nichts mit *brechen* zu tun hat, sondern etymologisch zu engl. *brook* gehört) für ‹sumpfiges Gelände›.

Alte Fluss-, Orts- und Flurnamen sind eine unschätzbare Quelle nicht nur für die historische Wortforschung, sondern auch für die Siedlungs- und Kulturgeschichte.

76. Woher kommen unsere Wochentagsnamen? Die Siebentagewoche hat ihren Ursprung im alten Orient und gelangte von dort über das hellenistische Griechenland zu den Römern. Mit dem Christentum verbreitete sich diese Zeiteinteilung auf ganz Europa. Altorientalisches Erbe ist auch die Benennung der einzelnen Tage nach Gottheiten, zu denen auch Sonne und Mond gehörten. Der Mond steckt, wie leicht zu erkennen ist, im *Montag.* Es handelt sich dabei um eine germanische Nachahmung von lateinischem *dies lunae*, das seinerseits ein Imitat von griechischem *heméra selénes* ist. Der *Dienstag* hat nichts mit *Dienst* zu tun, sondern darin versteckt sich der Name eines römisch-germanischen Gottes *Mars Thingsus.* Zunächst war diese Tagesbenennung nur am Niederrhein gebräuchlich (vgl. auch niederländisch *dinstag*), verbreitete sich in der Neuzeit aber auf den ganzen deutschen Sprachraum und ist heute standardsprachlich. Dabei wurden die älteren Benennungen *Ziestag* und *Ertag* verdrängt. Der *Ziestag*, der englischem *Tuesday* entspricht, hat seinen Namen von einem germanischen (Kriegs-) Gott namens *Teiwaz.* Lateinisches Vorbild war *Martis dies* (vgl. französisch *mardi*). *Mars* war der Kriegsgott der Römer. Das heute mitunter noch im Bairischen verwendete *Ertag* hat seine eigene Geschichte. Hier verbirgt sich der griechische Kriegsgott *Areos.* Da im Altertum kein direkter bairisch-griechischer Kontakt bestanden hat, liegt die Annahme nahe, dass die christianisierten Goten, die im 4. und 5. Jahrhundert mit den Griechen im Kontakt und später in Norditalien und im Alpenraum waren, die Vermittler waren. Der Name *Mittwoch* erschließt sich eigentlich von selbst: Es ist der Tag in der Wochenmitte. Im älteren Deutschen war das Wort noch Femininum (wie *die Woche*). Maskulinum wurde es in Analogie zu den sechs anderen Namen auf *–tag*. Älter (und noch im englischen *Wednesday* und in niederländisch *woensdag* erhalten) ist die Benennung nach dem Gott *Wodan*. Diese allzu offensichtlich heidnische Benennung war christlichen Autoritäten nicht sehr sympathisch, und so kam es zum Namensersatz oder wenigstens zu einer leichten Unkenntlichmachung wie im westfälischen Dialektwort *Gudendag*. Der *Donnerstag* basiert auf lateinischem *Iovis dies*. *Iovis* ist der Genitiv von *Iupiter*. Es handelte sich bei den Römern also um den Tag der obersten Gottheit. Die Germanen setzten damit den Gott namens *Donar* gleich, den man auch für das Himmelsgrollen verantwortlich machte. Insofern hat der *Donnerstag* tatsächlich auch etwas mit dem *Donner* zu tun. Im Bairischen gibt es bis heute dafür die Bezeichnung *Pfinztag*, die auf das griechische *pempte heméra* ‹fünfter Tag› zurückgeht. Auch hier dürften die spätantiken Goten die Vermittler gewesen sein. Am *Freitag* kann man durchaus einmal *frei* haben, doch besteht zwischen *Freitag* und *frei* ebenso wenig ein Zusammenhang wie zwischen *Dienstag* und *Dienst*. Es ist der Tag der germanischen Liebes- und Fruchtbarkeitsgöttin *Freia*. Die entsprechende römische Benennung war *Veneris dies* ‹Tag der Venus›, die dieselbe Zuständigkeit hatte. Für den nächsten Tag gibt es zwei unterschiedliche Bezeichnungen, im Süden des Sprachgebietes *Samstag*, ungefähr in der Nordhälfte den *Sonnabend*. Der *Samstag* geht zurück auf lateinisches *sabbatum*, das seinerseits aber eine Entlehnung aus dem Hebräischen ist. Der *Sonnabend* ist der Tag bzw. Vorabend des *Sonntags*. Diese Benennung ist nun wieder leicht durchschaubar: Es ist der ‹Tag der Sonne› und wiederum eine Art «Namensimitat», denn zugrunde liegt lateinisches *dies Solis*, das wiederum auf griechischen *heméra heliou* basiert. Mit *Sol* bzw. *Helios* war allerdings nicht nur der profane Himmelskörper gemeint, sondern der Sonnengott, den man im Altertum damit identifizierte. Kaum ein anderer Wortschatzbereich ist also in dem Maße mit klassisch-antiker oder germanischer Mythologie befrachtet wie unsere Tagesnamen.

77. Nach welchen Prinzipien werden deutsche Wörter gebildet? Bei oberflächlichem Hinsehen könnte man den Eindruck gewinnen, dass längere deutsche Wörter nur Aneinanderreihungen kürzerer Wörter sind. Ein Wort wie *Kaminkehrermeisterlehrgang* ist aber keine bloße Addition von *Kamin* + *Kehrer* + *Meister* + *Lehr* + *Gang*, sondern man kann das Wort in einem ersten Schritt in zwei Teile zerlegen. Welche das sind, zeigt die Paraphrase: *Lehrgang für Kaminkehrermeister*. Also sind *Lehrgang* und *Kaminkehrermeister* die «unmittelbaren Konstituenten». Eine Segmentierung in *Kamin* und *Kehrermeisterlehrgang* ergäbe ebenso wenig Sinn wie *Kaminkehrer* und *Meisterlehrgang*. Man kann einen Großteil der zusammengesetzten Wörter des Deutschen in zwei Teile zerlegen. Wenn sich dabei wieder komplexe Einheiten ergeben, kann man auch diese in aller Regel auf gleiche Weise auseinander nehmen (*Kaminkehrermeister* in *Kaminkehrer* und *Meister*, nicht *Kamin* und *Kehrermeister*). Wörter, die aus Konstituenten bestehen, die ihrerseits ein Eigenleben als Wörter führen können, bezeichnet man als «Komposita». Ergibt die Zerlegung in unmittelbare Konstituenten zwei Teile, von denen der eine für sich genommen nicht wortfähig ist (weshalb dann auch keine Paraphrase unter Verwendung der unmittelbaren Konstituenten möglich ist), hat man es mit einer Ableitung (oder «Derivation») zu tun. Das ist der Fall beispielsweise bei *Kind-heit, Liefer-ung, lieb-lich, furcht-sam*. Unselbständige Wortbestandteile wie *-heit, -ung, -lich* und *-sam* am Wortende bezeichnet man als «Suffixe», unselbständige Konstituenten am Wortanfang sind «Präfixe». Beispiele sind *ver-schreiben, be-suchen, er-lauben, un-sicher*. Verben tendieren eher zur Ableitung mit Präfixen, Substantive und Adjektive eher (aber nicht ausschließlich) zur Ableitung mit Suffixen.

Eine weitere Art, Wörter zu bilden, bezeichnet man als «Konversion». Hier greift das Prinzip der Bildung aus zwei unmittelbaren Konstituenten nicht, denn «Konversion» führt zu einem Wortartwechsel ohne Beteiligung eines weiteren Elements. Wenn man sagt, *hier gibt es kein Wenn und Aber*, dann hat man aus *wenn* und *aber* jeweils ein Substantiv gemacht, ohne dass sich «am Wort selbst» etwas Erkennbares geändert hätte. Auch substantivierte Infinitive wie *(das vergebliche) Streben, (das selige) Vergessen, (das ganze) Leben*, reine Verbstämme ohne Endung wie *(der teure) Kauf, (der laute) Schrei, (der falsche) Schein* oder Adjektive wie *(ein tiefes) Rot, (ein giftiges) Grün* sind «Konversionen», denn in keinem dieser Fälle sind ableitende Präfixe oder Suffixe im Spiel. Ein weiter gefasster Begriff von «Konversion» schließt auch Fälle ein wie *Schuss* (zu *schießen*), *Wuchs* (zu *wachsen*), *Trieb* (zu *treiben*), bei denen sich infolge der Konversion der Vokal im Wortinnern verändert. Genau genommen liegen Ergebnisse historischer Wortbildungsprozesse vor, die vom heutigen Deutsch aus nicht mehr durchschaubar sind.

Wortkontamination in der Werbesprache

Auch reine Abkürzungen können praktisch Wortstatus erlangen wie etwa *ICE* (aus *Intercityexpress*), *AG* (aus *Aktiengesellschaft*) oder *BASF* (aus *Badische Anilin- und Sodafabrik*). Einen besonderen wortspielerischen Effekt kann man erzielen, wenn man Wörter übereinander blendet oder verschmelzen lässt wie beispielsweise *Zölibazi* (aus *Zölibat* und *Bazi*, das in Bayern so viel bedeuten kann wie ‹Lump› oder ‹durchtriebener Mensch›) oder *Fairkauf* (aus *fair* und *Kauf*, allerdings mit wortspielerischer Anlehnung an *Verkauf*). Auch die Werbesprache ist hier äußerst sprachkreativ. Das Bügeln der Jeans einer bestimmten Marke kann beispielsweise als *Leebesakt* beworben werden.

78. Warum gibt es im Deutschen so lange Wörter? Das immer wieder gerne zitierte Beispiel für deutsche Wortungetüme ist die *Donaudampfschifffahrtskapitänswitwe*. Ebenso gut kann man sich *Sonnenobservatoriumsgebäudereinigung*, *Kaminkehrermeisterlehrgangsleiterparkplatz* und ähnlich Geistvolles ersinnen, das zwar wenig sprachlichen Realitätswert hätte, aber vom Sprachsystem her möglich wäre. Im Englischen, Niederländischen, Französischen und in anderen Nachbarsprachen ist dergleichen nicht nur nicht üblich, sondern gar nicht möglich. Das Deutsche ist somit auf jeden Fall eine sehr kompositionsfreudige Sprache, wie ein kurzer Vergleich deutscher und entsprechender englischer Wörter zeigt. Der deutsche *Ladenbesitzer* ist im Englischen ein *owner of the shop*, der englische Kollege des deutschen *Parlamentsabgeordneten* ist *Member of Parliament*, eine deutsche *Tatsache* ist im Englischen *a matter of fact*. Man besucht in England und Amerika kein *Einkaufszentrum*, sondern ein *shopping center*. Zum Autofahren benötigen Deutsche eine *Fahrerlaubnis*. Engländer, Schotten, Iren, Amerikaner und Autofahrer anderer anglophoner Länder brauchen dazu *a driving licence*. Und wenn es in Berlin ein exaktes Gegenstück zum Londoner *Hyde Park* gäbe, befände sich darin sicher keine *Speaker's Corner*, sondern eine *Rednerecke*.

Die Entwicklung des Deutschen zur ausgeprägten Kompositasprache hat in der frühen Neuzeit, also im 15. und 16. Jahrhundert, eingesetzt. Martin Luther, der ein sehr sprachkreativer Autor war, bildete Wörter wie *Schafskleider, Todesnot, Bocksblut, Blutstränen* oder *Gotteslohn* (bei Luther noch getrennt geschrieben als *schafs kleider, tods not, bocks blut, bluts trenen, gottes lon*). Diesen Wörtern kann man ansehen, dass sie aus genitivischen Wortfügungen hervorgegangen sind. Die Sprache barocker Autoren, ob Poeten oder Gelehrte, ist reich an langen Wortzusammensetzungen. Dem Sprachpuristen Philipp von Zesen (1619–1689) beispielsweise, der eine ausgeprägte Abneigung gegen Fremdwörter hatte und deshalb reihenweise deutsche Alternativwörter ersann, kam die Neigung des Deutschen, Komposita zu bilden, sehr entgegen. So schlug er vor, *Kloster* durch *Jungfernzwinger* zu ersetzen, das Wort *Fenster* durch *Tageleuchter* und *Altar* durch *Räuchertisch*. Hier konnten sich aber doch die einfacheren Wörter gegen die Konkurrenz durch die Komposita (bzw. die «Kompositakonkurrenz») behaupten.

Viele Wortzusammensetzungen sind tatsächlich dadurch entstanden, dass ursprüngliche Wortgruppen zu komplexen Wortgebilden kondensiert worden sind. Die Verdichtung des Ausdrucks hat den

Vorteil, dass ein Maximum an Information in ein einziges Wort hineingepackt werden kann, weshalb ja vor allem Fachsprachen, besonders die der Politiker und Bürokraten, reich an komplexen Wortbildungen sind. Man denke nur an das *Wachstumsbeschleunigungsgesetz*. Selbst die übersichtlichere (und ehrlichere) *Abwrackprämie* ist noch ein Kompositum aus drei Konstituenten. Der Vorteil der Verdichtung wird aber (wie manch anderer Vorteil auch) durch einen Nachteil erkauft, nämlich den, dass es dem Hörer oder Leser einer sprachlichen Äußerung überlassen bleibt, die Komponenten eines Wortes richtig zueinander in Bezug zu setzen. Ein schönes Beispiel, in dem die Unschärfe der logischen Beziehung von Kompositateilen zueinander als Pointe genutzt wird, ist ein Gedicht von Erich Fried mit dem Titel «Logo». Es lautet:

Der Rostschutz schützt vor dem Rost
der Frostschutz schützt vor dem Frost
Der Entlassungsschutz schützt vor der Entlassung
Der Verfassungsschutz schützt …

79. Was sind Abstrakta und Konkreta?

Wenn man von «Abstrakta» und «Konkreta» spricht, muss man präzisieren, ob man grammatische oder semantische Gesichtspunkte in den Vordergrund stellt, denn zwischen beiden Ebenen besteht zwar eine teilweise, aber keine völlige Deckungsgleichheit. Nicht jedes grammatische Abstraktum ist gleichzeitig auch ein semantisches und umgekehrt. Auch Wörter, mit denen man im Normalfall etwas Konkretes bezeichnet, können abstrakt verwendet werden.

Grammatische Abstrakta sind beispielsweise alle Wörter, die mit bestimmten Suffixen abgeleitet sind, etwa mit *-ung* (wie *Übersetz-ung*, *Üb-ung*, *Verschmelz-ung* von *übersetzen*, *üben*, *verschmelzen*), *-heit* (z. B. *Dumm-heit*, *Schön-heit*, *Gemein-heit* von *dumm*, *schön*, *gemein*), *-tum* (wie *Reich-tum*, *Kaiser-tum*, *Irr-tum* von *reich*, *Kaiser*, *irren*) oder nur mit *-e* (wie *Schwer-e*, *Läng-e*, *Tief-e* von *schwer*, *lang*, *tief*). Ein Unterschied besteht freilich in der Produktivität dieser Suffixe, denn während man mit *-ung* und *-heit* immer noch neue Wörter bilden kann, sind Suffixe wie *-tum* und *-e* im Laufe der Zeit außer Gebrauch gekommen. Die Wörter, in denen sie auftreten, sind anders als zur Zeit ihrer Entstehung heute feste Bestandteile des Wortschatzes. Das Suffix *-keit* ist übrigens nichts weiter als eine lautliche Variante von *-heit*, die dadurch zustande gekommen ist, dass bei Wörtern wie *Schwierig-keit* oder *Lächerlich-keit* an der «Nahtstelle» *g* + *h* oder *-ch* + *h* zu *g* + *k* bzw. *ch* + *k* verändert worden sind. Es spricht sich einfach leichter. Danach hat sich *–keit* sozusagen verselbständigt, weshalb es auch Wörter gibt wie *Eitel-keit*, *Dankbar-keit* oder *Sparsam-keit*, bei denen diese lautliche Bedingung nicht gegeben ist.

Im heutigen Deutschen werden abstrakte Sachverhalte vielfach auch dadurch ausgedrückt, dass man einfach den Infinitiv eines Verbs substantiviert wie beispielsweise *das viele Reden* oder *langes Nachdenken*. Will man eine negative Bedeutungskomponente hinzufügen, kann man Abstrakta auch mit *Ge* + *e* (*das endlose Ge-red-e*) oder mit *-erei* (*diese ewige Nachdenk-erei*) bilden. Historisch gesehen sind auch Ableitungen wie *Ruf* von *rufen*, *Lauf* von *laufen* oder *Schrei* von *schreien* Abstrakta, genauer gesagt: Verbalabstrakta.

Oft sind morphologische Abstrakta, also Wörter, die mit typischen Abstraktsuffixen gebildet sind, auch hinsichtlich ihrer Bedeutung Abstrakta. Sie bezeichnen etwas Gedachtes, das sich der sinnlichen Wahrnehmung entzieht. Wenn man also sagt, die *Übersetzung* eines Textes gestalte sich schwierig, dann meint man damit eine geistige Tätigkeit, mithin also einen abstrakten Vorgang. Wenn man dagegen in einer Buchhandlung nach einer deutschen Hemingway-*Übersetzung* fragt, bekommt man einen konkreten Gegenstand ausgehändigt, nämlich ein Buch. Umgekehrt können auch Wörter, die primär etwas Konkretes bezeichnen, mit abstrakter Bedeutung verwendet werden. Spricht man vom *Weg zur Lösung* oder vom *Schlüssel zum Erfolg*, dann verwendet man *Weg* und *Schlüssel* metaphorisch und damit abstrakt.

80. Wie hängt *Gang* mit *gehen* und *Stand* mit *stehen* zusammen? Dass *Gang* etwas mit *gehen* und *Stand* etwas mit *stehen* zu tun hat, sagt einem die sprachliche Intuition. Aber woher kommt in den beiden Substantiven das *-ng* bzw. das *-nd*? Und warum stimmen auch die Vokale in den Verben *gehen* und *stehen* nicht mit denen in *Gang* und *Stand* überein?

Um das zu erklären, muss man verhältnismäßig weit in die Geschichte des Deutschen zurückgehen oder sich in der sprachlichen Nachbarschaft umsehen. Die Sprachgeschichte zeigt, dass es im Althochdeutschen die Verben *standan* ‹stehen› und *gangan* ‹gehen› gab. Das althochdeutsche *standan* hat noch eine ziemlich genaue Entsprechung im modernen Englischen, nämlich *to stand*. Ein passendes

Gegenstück zu althochdeutschem *gangan* gibt es dort zwar nicht, aber im schottischen Dialekt heißt ‹gehen› immer noch *to gang*. Das Englische bzw. der schottische Dialekt haben hier Formen konserviert, die es im Deutschen seit dem Mittelalter so nicht mehr gibt. Damit können wir *Gang* und *Stand* bereits erklären: Es sind Ableitungen von den alten, schon im Mittelhochdeutschen ausgestorbenen Präsensstämmen.

Bereits im Germanischen, also noch auf einer prähistorischen Entwicklungsstufe, haben sich bei diesen beiden Verben kürzere Nebenformen herausgebildet. Schon die ältesten deutschen Texte weisen neben *gangan* und *standan* die Varianten *gân* und *gên* sowie *stân* und *stên* auf (der Zirkumflex ^ über den Vokalen zeigt an, dass es sich um lang gesprochene Vokale handelt). Die Kurzformen zeigen seit jeher eine sprachgeographische Verteilung: Die *a*-Formen *gân* und *stân* dominierten – ganz grob gesagt – im Westen des Sprachgebiets, die *e*-Formen *gên* und *stên* im Osten. Auch die neuzeitlichen Dialekte zeigen im Prinzip noch diese Verteilung. (Teilweise wurden hier auch die älteren Langformen bewahrt. In schwäbischen Mundarten heißt ‹komm, wir gehen› immer noch *kum, mir ganget*.)

Ungefähr seit dem 16. Jahrhundert haben sich in der Schriftsprache die *e*-Varianten durchgesetzt. Martin Luthers Bibelübersetzung, die nur die Formen *gehen* und *stehen* kennt, und lange Zeit als sprachliches Vorbild galt, hat dabei sicher einigen Einfluss gehabt. Die zweisilbigen Formen *gehen* und *stehen* sind darauf zurückzuführen, dass im Deutschen nahezu alle Verben zweisilbig sind und dabei stets die erste Silbe als bedeutungstragender Wortstamm empfunden wird, die zweite als Flexionssilbe (z. B. *geb-en*, *lauf-en*). Dem wurden die ursprünglich einsilbigen Verben *gên* und *stên* angepasst: Aus *gên* wurde *ge-en* und aus *stên* wurde *ste-en*. Um die Zweisilbigkeit in der Schreibweise zu verdeutlichen, wurde jeweils das *h* eingeschoben (wer also *geh-en* und *ste-h-en* mit *h* zwischen den Vokalen sagt, spricht übertrieben nach der Schrift). Die Vergangenheitsformen *ging* und *stand* (für älteres *stund*, von dem sich auch der Konjunktiv *stünde* herleitet), vor allem aber die Partizipien *gegangen* und *gestanden* stimmen mit ihrem *n* bis heute zu den alten, längst untergegangenen Infinitiv-Formen *gangan* und *standan*.

81. Was sind Partikeln und was leisten sie? Unter Partikeln versteht man unflektierbare Wörter, die keinen Satzgliedstatus haben und die deshalb in Aussagesätzen nicht vor dem flektierten Prädikatsverb stehen können. Zu dieser Wortklasse gehören Wörtchen wie beispielsweise *ja* in einem Satz wie *das ist ja das Problem* oder *halt* in einer Äußerung wie *er kapiert's halt nicht*. Umstellungen zu *ja ist das das Problem* oder *halt kapiert er's nicht* sind nicht möglich. Die Sätze würden dadurch ungrammatisch.

Bei anderen Partikeln ist eine Umstellung nur scheinbar möglich, denn stellt man sie ins Vorfeld, sind sie keine Partikeln mehr, sondern werden zu Adverbien mit einer deutlich anderen Bedeutung. Beispiele hierfür sind *eben* in Sätzen wie *Er ist eben stinkfaul* oder *vielleicht* in *das ist vielleicht eine Überraschung*. Stellt man solche Sätze um zu *eben ist er faul* bzw. *vielleicht ist das eine Überraschung*, bedeutet *eben* soviel wie ‹jetzt im Moment›, und *vielleicht* bedeutet ‹möglicherweise›. Anders als Adverbien sind Partikeln auch nicht erfragbar. Das Adverb *eben* kann man erfragen: *wann ist er stinkfaul?* (Antwort: *eben*), ebenso das Adverb *vielleicht*: *mit welcher Wahrscheinlichkeit ist das eine Überraschung?* (Antwort: *vielleicht*). Bei *eben* und *vielleicht* als Partikel ist das nicht möglich. Eine nur auf Fragesätze beschränkte Partikel ist *denn* (z. B. *was magst du denn trinken?*). Sie hat eine ganz andere Funktion als die Konjunktion *denn*, mit der man Sätze in eine kausale Relation bringt (*ich komme nicht, denn ich habe keine Zeit*).

Partikeln sind nicht nur mit deutlichen syntaktischen Einschränkungen verwendbar, sondern auch lexikalisch schwer oder gar nicht zu fassen. Für *eben* als Adverb kann man leicht die Bedeutung angeben oder ein Äquivalent finden, aber eben (!) nicht für die Partikel *eben*. Partikeln verändern auch eine Satzaussage nicht wesentlich. Ob man sagt *er ist eben stinkfaul* oder *er ist stinkfaul* – die Grundaussage bleibt dieselbe. Wenn man versucht, einen Satz vielleicht sogar mit einer Akkumulation von Partikeln in eine andere Sprache zu übersetzen (z. B. *das ist ja nun denn wohl doch eine Frechheit* mit einer Serie von fünf Partikeln!), dann muss man sich damit abfinden, dass es nicht geht. All das zusammengenommen, die syntaktischen Restriktionen, die lexikalische «Leere» und die Nichtübersetzbarkeit hat dazu geführt, dass Partikeln von Stilpuristen als überflüssig oder sogar «Läuse im Pelz der Sprache» verurteilt worden sind. Ein solches Werturteil übersieht jedoch etwas ganz Entscheidendes, nämlich die Tatsache, dass Partikeln ein ungemein ökonomisches Mittel sind, im

Deutschen eine Stellungnahme zum primären Aussageinhalt zum Ausdruck zu bringen. Wenn man sagt *er ist stinkfaul*, so ist das ein negatives Werturteil. Wer jedoch sagt *er ist eben stinkfaul*, bringt über das Urteil hinaus auch noch zum Ausdruck, dass nicht nur er der Ansicht ist, sondern dass lediglich etwas allgemein Bekanntes wiedergegeben wird. Eine ganz ähnliche Funktion haben *halt* und *ja*. Mit *vielleicht* in *das ist vielleicht eine Überraschung* relativiert man in keiner Weise die Wahrscheinlichkeit, sondern man bringt zum Ausdruck, dass man in hohem Maße *überrascht* ist.

82. Leidet die deutsche Sprache an «Substantivitis»?

Wenn man das Deutsche von heute mit dem von vor hundert oder zweihundert Jahren vergleicht, fällt auf, dass es anteilig viel mehr Substantive gibt, die von Verben abgeleitet sind, als damals. Zwar gab es schon auf früheren Sprachstufen diese Möglichkeit der Wortbildung, aber es wurde nicht so exzessiv davon Gebrauch gemacht wie in bestimmten Texten oder Textsorten von heute. Auch das hat Sprachkritiker auf den Plan gerufen, die deshalb von «Substantivitis» reden, als ob es sich um eine Sprachkrankheit handele. Man kann allerdings auch etwas wertneutraler von Nominalstil reden. Besonders die Verwaltungssprache ist davon geprägt, ebenso manche Fachsprachen, und das hat seinen Grund, denn abgeleitete Substantive bieten die Möglichkeit, ganze Satzinhalte in einem Wort zu komprimieren und so den Umfang einer Aussage zu verkürzen.

Ein Beispiel: Im Bürgerlichen Gesetzbuch kann man in den Bestimmungen zum Urheberrecht folgenden Satz lesen: *Eine Vervielfältigung ist auch die Übertragung des Werkes auf Vorrichtungen zur wiederholbaren Wiedergabe von Bild- oder Tonfolgen (Bild- oder Tonträger), gleichviel, ob es sich um die Aufnahme einer Wiedergabe des Werkes auf einen Bild- oder Tonträger oder um die Übertragung des Werkes von einem Bild- oder Tonträger auf einen anderen handelt.* Das ist typischer Nominalstil: *Vervielfältigung, Übertragung, Wiedergabe* und *Aufnahme* sind Nominalisierungen der Verben *vervielfältigen, übertragen, wiedergeben* und *aufnehmen*. Auch in *wiederholbar* ist ein verbaler Sachverhalt komprimiert, und zwar in einem Adjektiv. Würde man diese Verbalabstrakta in Verben auflösen, erhielte man den wesentlich längeren Satz *etwas zu vervielfältigen bedeutet auch ein Werk auf eine Vorrichtung zu übertragen, damit man es wiederholen kann* (usw.), der, obwohl die einzelnen Nominalisierungen in Verben aufgelöst sind, gewiss nicht leichter zu verstehen wäre als der vorliegende Satz mit seiner Serie von abstrakten Substantiven. Nominalisierung kann also ein Mittel zur Verdichtung des Ausdrucks sein, letztlich also der Sprachökonomie. Die Zweckmäßigkeit von Nominalisierungen hängt vom Mitteilungsbedarf ab, man kann auch sagen von der Textsorte. Man stelle sich vor, man habe den Geburtstag einer lieben, alten Tante vergessen und würde eine verspätete Geburtstagskarte mit folgendem Wortlaut schreiben: *Liebe Tante Liselotte, ich bitte um Entschuldigung für die Verspätung der Übermittlung meiner Beglückwünschung zur Vollendung Deines 90. Lebensjahres* oder ähnlich. Hier wäre der Nominalstil sicher fehl am Platze.

Ein weiterer Ansatzpunkt für manch stilbewussten Sprachkritiker waren lange Zeit auch die Funktionsverbgefüge, also feste Wortfügungen wie *zum Stehen bringen, in Auftrag geben* oder *in Betrieb nehmen*. Kritiker haben argumentiert, man könne anstelle solch hässlicher «Streck-» oder «Schwellformen» einfache Verben verwenden, doch übersieht solche Kritik, dass es nicht wenige Funktionsverbgefüge gibt, die durch einfache Verben überhaupt nicht ersetzt werden können. *Beauftragen* ist nicht gleichbedeutend mit *in Auftrag geben* und *in Betrieb nehmen* nicht mit *betreiben*. Ein syntaktischer Vorteil der Funktionsverbgefüge liegt darin, dass sich damit (wie mit zusammengesetzten Verbformen) Satzklammern bilden und folglich Spannungsbögen aufbauen lassen. Dabei ist nicht zu bestreiten, dass Funktionsverbgefüge ihren Platz vor allem in der Verwaltungssprache und in technischen Fachsprachen haben, weniger im alltäglichen, persönlichen und privaten Sprachgebrauch.

Sprachpflege, Sprachkontakt, Sprachverwendung

83. Was will Sprachpflege?
Die Klage und das Bedauern, dass die deutsche Sprache dem Verfall preisgegeben sei, kann man durch mehrere Jahrhunderte kontinuierlich zurückverfolgen. Schon in der Barockzeit gab es Gelehrte und Autoren wie Andreas Gryphius (1616–1664), Georg Philipp Harsdörffer (1607–1658), Justus Georg Schottel (1612–1676), Philipp von Zesen (1619–1689) und viele andere, die überzeugt waren, man müsse die *Teutsche Hauptsprache*, wie Schottel(ius) es nannte, reinigen, um sie vor dem Untergang zu retten. Als anstößig und gefährlich empfanden diese

Sprachreiniger, die sich in Sozietäten wie der «Fruchtbringenden Gesellschaft», dem «Elbschwanenorden» oder dem «Pegnesischen Blumenorden» zusammenschlossen, vor allem die zeitgenössische Mode der französischen Fremdwörter, aber auch Mundartliches und nach ihrem Geschmack Vulgäres. Mit veränderten Akzenten und Argumenten wurde auch im 18. und 19. Jahrhundert Sprachpflege betrieben. Johann Heinrich Campe (1746–1818) verfasste ein Verdeutschungswörterbuch, in dem er Alternativwörter zu Fremdwörtern unterbreitete, z. B. *Freistaat* für *Republik*, *Erdgeschoß* für *Parterre* oder *Voraussage* für *Prophezeiung*. Anders als bei den Sprachpuristen des 17. Jahrhunderts war es nicht mehr sein Hauptanliegen, fremde Wörter nur deshalb aus dem Deutschen zu entfernen, weil sie (tatsächlich oder nur vermeintlich) fremd waren, sondern dem Demokraten und Aufklärer Campe, einem Bewunderer der Französischen Revolution, ging es darum, Wörter durchsichtig und damit allgemein verständlich zu machen. Nationalistische Motive waren ihm fremd. Zur Allianz von Nationalismus und Sprachpurismus kam es erst im 19. Jahrhundert. Eine der zentralen Figuren war der «Turnvater» Friedrich Ludwig Jahn (1778–1852). 1885 wurde der «Allgemeine deutsche Sprachverein» gegründet, der es sich erneut zum Hauptziel machte, Fremdwörter nach Möglichkeit durch Neubildungen zu ersetzen (beispielsweise *Telefon* durch *Fernsprecher* oder *Automobil* durch *Kraftfahrzeug*).

Heute wollen Sprachpfleger nicht in erster Linie Fremdwörter bekämpfen. Ein solcher Kampf käme ohnehin Don Quichottes Feldzug gegen die Windmühlen gleich. Sprachpflege in einem modernen Verständnis ist es, oberflächlichen oder irreführenden Sprachgebrauch, insbesondere in der medialen Öffentlichkeit, aufzudecken. Es gilt, dafür ein sensibles und kritisches Bewusstsein zu schaffen. Sprachwandel auf lexikalischer und grammatikalischer Ebene an sich wird nicht mehr als Verfall oder Gefährdung betrachtet, sondern als natürliche Weiterentwicklung. Entwicklungsprozesse reflektiert und kritisch zu begleiten, ist das Hauptanliegen moderner Sprachpflege.

84. Kann man eine Sprache «lenken»?   Sprachwandel ist ein Vorgang, der sich prinzipiell nicht gezielt lenken lässt. Niemand hat bewusst und absichtsvoll aus dem Lateinischen das Italienische und Französische oder aus dem Germanischen das Deutsche und Englische konstruiert. Die Phonetik, die Flexion und auch die Syntax verändern sich zwar, aber dennoch entziehen sie sich weitgehend der bewussten Steuerung durch die Sprecher. Etwas anders verhält es sich mit dem Wortschatz, der (in engen Grenzen) der bewussten Steuerung durch die Sprecher zugänglich ist. Zwar wäre auch niemand imstande, das gesamte Vokabular einer Sprache umzukrempeln, doch kann der Wortgebrauch zumindest in sensiblen Einzelbereichen bewusst und gezielt beeinflusst werden. Solche Einzelbereiche sind beispielsweise die Politik, der Gender-Bereich sowie die Benennung ethnischer und anderer Minderheiten.

Nach dem Fall des Eisernen Vorhangs und der Unabhängigkeit der Slowakei wurde es plötzlich notwendig, die westliche Hälfte der einstigen Tschechoslowakei neu zu benennen. *Tschechische Republik* hätte sich zwar als offizielle Bezeichnung im Deutschen angeboten (es wird auch verwendet), ist aber aufgrund der Länge unpraktisch. *Tschechei* war eine historisch-politisch belastete Bezeichnung, also wurde in Analogie zu *Belgien* und anderen Ländernamen auf *-ien* der neue Name *Tschechien* geschaffen. Anfangs war das gewöhnungsbedürftig; doch heute ist es die völlig unauffällige und gängige Bezeichnung unseres Nachbarlandes und damit auch ein Beispiel geglückter Sprachlenkung. Dass das *Fräulein* abgeschafft wurde, ist ein Parallelfall in einem ganz anderen Lebens- und Wortbereich. Mit Recht wurde seit den siebziger Jahren des 20. Jahrhunderts die Unterscheidung von *Frau* (erwachsen und verheiratet) und *Fräulein* (erwachsen und unverheiratet) kritisiert, vor allem deshalb, weil es ja auf männlicher Seite keine Entsprechung gab (in Frage käme nur *Herr/Herrlein* oder *Mann/Männlein*). Wer folglich heute einen Brief an ein *Fräulein* adressiert, gibt sich im besten Fall als rückständig, aber eher wohl als Chauvi zu erkennen (was ja auf dasselbe hinauslaufen dürfte).

Damit ist der weite Bereich der «politischen Korrektheit» angesprochen. *Politisch korrekt* ist eine direkte Umsetzung von angloamerikanischem *politically correct*. Damit ist gemeint, dass man versucht, negativ konnotierte Begriffe durch Alternativen, die – zumindest nach außen hin – positiv besetzt sind, zu ersetzen. Niemand verwendet heute noch das Wort *Krüppel*, um damit einen Menschen zu bezeichnen, der im Rollstuhl sitzt. Politisch korrekt ist *Behinderter*. Man spricht auch kaum mehr vom *Altersheim* (geschweige denn von dessen Bewohnern als *Greisen*), sondern von einem *Seniorenwohnheim* (und von darin wohnenden *Seniorinnen und Senioren* oder auch *älteren Mitbürgerinnen und Mitbürgern*). Kein Stadtplan weist heute noch eine *Irrenanstalt* aus, und auch die *Nervenheilanstalt* dürfte weitgehend verschwunden sein. Man verwendet politisch (und klinisch) korrektes *Neurologie.* Auch das sind keine Fälle von «natürlichem» Wortschatzwandel, sondern bewusst eingeführte Bezeichnungen.

Eine andere Strategie wird immer wieder von Minderheiten angewendet. Man macht sich abschätzige (also gerade politisch nicht korrekte) Bezeichnungen der Mehrheit zueigen, um sie so ad absurdum zu führen. Ein Beispiel dafür ist das Adjektiv *schwul.* Solange Homosexualität als unmoralisch oder krankhaft (oder beides) galt, war das Adjektiv ein übles Schimpfwort. Im Zuge der Emanzipation der Homosexuellen und der sich allmählich durchsetzenden Einsicht, dass Schwulsein weder unmoralisch noch eine Krankheit ist, wurde das Wort von den Homosexuellen selbst ganz bewusst aus der lexikalischen Schmuddelecke geholt. Seine Emanzipation ist weder amtlich verordnet noch das Ergebnis politisch korrekter Ausdrucksweise, aber dennoch das Ergebnis einer bewussten neuen Wortverwendung und somit von Sprachlenkung.

85. Welche Sprachen haben das Deutsche beeinflusst? Seit frühester Zeit stand das Deutsche im Kontakt mit Nachbarsprachen. Schon zu einer Zeit, als es noch gar kein «Deutsch» im eigentlichen Sinne gab, sondern als unsere Vorfahren germanische Stammesdialekte sprachen, gab es Sprachkontakte, deren Spuren (man könnte auch sagen «Sedimente») bis heute im Deutschen vorhanden sind. Schon in sehr früher Zeit lernten die Germanen von den Kelten die Technik der Eisenverhüttung und -verarbeitung. Das Wort *Eisen* ist (natürlich in einer früheren Lautform) von den Kelten übernommen. Auch Wörter, die etwas mit Gesellschaftsstruktur und Recht zu tun haben, übernahmen die Germanen von ihren Nachbarn: *Amt, Reich, Geisel, Erbe, Eid* sind keltischen Ursprungs. Eine weitere Lehnwortschicht lässt sich auf römisch-germanische Kontakte zurückführen. Auffallend ist, dass eine Reihe von Wörtern, die etwas mit Stein- oder Ziegelbautechnik zu tun haben, von den römischen Lehrmeistern, also aus dem Lateinischen übernommen worden sind: *Fenster, Kammer, Mauer, Pfeiler, Sims, Ziegel* sind beispielsweise solch typische «Bauwörter». Die Germanen wohnten in einfachen Hütten, deren Wände aus einem mit Lehm verschmierten Geflecht von Zweigen bestanden. Nicht zufällig leitet sich das deutsche Wort *Wand* von *winden* her. Im Mittelalter setzte sich der lateinische Einfluss fort. Ein Großteil des christlichen Wortschatzes ist direkt aus dem Lateinischen übernom-

men, z. B. *Kreuz, Kelch* oder *Kloster*. Andere Wörter sind lateinischen Mustern nachgebildet. Ein Wort wie *Barm-herz-igkeit* ist ein strukturelles «Imitat» von lateinischem *miseri-cord-ia*, das Wort *Ge-wissen* basiert auf *con-scientia:* Der lateinische Einfluss setzte sich über den Humanismus und die neuzeitliche Wissenschaftssprache bis in die Gegenwart fort. Da andere europäische Sprachen aufgrund jahrhundertelanger gleichartiger Einflüsse deutliche Wortschatzübereinstimmungen aufweisen, kann man heute sogar von einem «Eurolatein» sprechen. Ein Beispiel dafür ist *Universität*, englisch *university*, französisch *université*, niederländisch *universiteit* usw.

Im Zusammenhang mit der höfischen Ritterkultur der Stauferzeit um 1200 kamen zahlreiche französische Fremdwörter ins (Mittelhoch-)Deutsche, von denen sich einige bis heute erhalten haben. Eine zweite Welle französischer Lehnwörter erreichte den deutschen Sprachraum in der Barockzeit. Wieder war es eine leuchtende höfische Kultur in Frankreich, die im benachbarten Deutschland bewundert und nach Kräften imitiert wurde: die Kultur des absolutistischen Hofes. Aus dieser Zeit haben sich wesentlich mehr Fremdwörter bis heute erhalten als aus der ersten, mittelalterlichen Phase. Es sind Wörter aus den Bereichen Kunst, Architektur, Wohnkultur und Lebensstil wie *Konterfei, Medaille, Park, Pavillon, Möbel* oder *Balkon*. Auffallend ist, dass diese zweite französische Welle deutlich mehr Adjektive ins Deutsche «gespült» hat als die erste, mittelalterliche: *charmant, delikat, kokett* und *passabel* beispielsweise gehen auf diese Phase des deutsch-französischen Sprachkontakts zurück, der im 18. und 19. Jahrhundert, vor allem in der Zeit der Französischen Revolution und Napoleons, weiter anhielt.

Aus dem Italienischen kamen seit dem 17. Jahrhundert Begriffe aus den Bereichen Kunst und Musik ins Deutsche: *Barock, Cembalo, Fresco, Allegro, Sopran, Alt, Tenor, Bass*, um nur einige bekannte Beispiele zu nennen. In den norditalienischen Städten der Renaissancezeit gab es bereits ein hoch entwickeltes Banken- und Finanzsystem. Deutsche Geldhäuser wie das der Fugger übernahmen aus dem Italienischen die zugehörige Terminologie. Noch heute haben wir Begriffe wie *Giro, Konto, Diskont* oder *bankrott*. Der Italientourismus des 20. Jahrhunderts brachte dann auch *Spaghetti, Pizza, Chianti* und Ähnliches ins Deutsche. Der spanische Einfluss ist deutlich geringer, doch sind über die Sprache der einstigen Handelsmacht etliche «Neuweltwörter» nach Europa und damit auch ins Deutsche gekommen, z. B. *Zigarre,*

Kakao, Kaffee, Kork. Sogar die *Hängematte* ist ein Indianerwort und hat weder etwas mit *hängen* noch mit *Matte* zu tun. Die Spanier lernten sie bei südamerikanischen Eingeborenen kennen, übernahmen mit der Sache auch die Bezeichnung. In einer deutschen Reisebeschreibung von 1529 erscheint das Wort erstmals in der (indianisch-spanischen) Form *hamaca*. Wegen der Klangähnlichkeit, und weil es ja durchaus Sinn ergibt, wurde im Deutschen dann daraus die *Hängematte*.

Das vermutlich älteste slawische Lehnwort im Deutschen ist *Grenze*. Im Kontaktbereich der mittelalterlichen Ostsiedler mit der ansässigen slawischen Bevölkerung östlich von Elbe und Saale kam es zur gegenseitigen sprachlichen Beeinflussung, doch relativ wenige Wörter haben wie *Quark, Gurke, Jauche* oder *Stieglitz* den Sprung in die überregionale deutsche Allgemeinsprache geschafft. Die Dialekte des im Mittelalter zweisprachigen Gebietes bewahren naturgemäß wesentlich mehr slawisches Wortgut. Im 18. Jahrhundert brachten Fernreisende russische Wörter wie *Tundra, Samowar* und *Zobel* ins Deutsche. Bis zu einem gewissen Grad stand auch das DDR-Deutsch unter russischem Einfluss. In den Leipziger Uni-Cafeterias gibt es bis heute preiswerte *Soljanka*.

Heute hat natürlich das Englische bzw. das Angloamerikanische den nachhaltigsten Einfluss auf die deutsche Sprache. In früheren Jahrhunderten waren die Kontakte gering. Der wohl älteste deutsche Anglizismus stammt aber dennoch schon aus dem 8. Jahrhundert. Es ist der *Heilige Geist*. Angelsächsische Missionare haben das Wort auf den Kontinent gebracht. In nennenswertem Umfang macht sich englischer Einfluss aber erst rund tausend Jahre später im Deutschen bemerkbar. Das hängt mit der Industrialisierung und den politischen Entwicklungen auf der Insel zusammen, die im vergleichsweise rückständigen Deutschland durchaus wahrgenommen und bestaunt wurden. Aus dieser Zeit stammen Wörter wie *Parlament, Ober-* und *Unterhaus* (die aber im Deutschen neu gebildet wurden, um *House of Lords* und *House of Commons* wiederzugeben) oder *Manufaktur*. Auch *Tee, Punsch* und *Schal* gehören dieser relativ frühen Schicht von Anglizismen an, die lautlich noch den deutschen Aussprachegewohnheiten angepasst wurden. Die Zahl der Entlehnungen seit dem 20. Jahrhundert, vor allem nach 1945, ist nicht mehr zu überblicken. Im Zusammenhang mit Computertechnik, Mode und Musik wächst die Zahl der Wortübernahmen praktisch tagtäglich. Und schon längst werden diese Anglizismen nicht mehr lautlich assimiliert.

86. Beeinflusst das Deutsche seine Nachbarsprachen? Sprachkontakt ist keine Einbahnstraße. Im Normalfall beruhen sprachliche Einflüsse auf Gegenseitigkeit, und deshalb hat das Deutsche die Sprachen, aus denen es Wörter (in geringerem Umfang auch grammatische Strukturen) übernommen hat, seinerseits bereichert, wenn auch die Proportionen nicht immer symmetrisch sind. So haben die Römer nicht nur zahlreiche Wörter ins Germanische vermittelt, sondern umgekehrt auch einzelne germanische Wörter ins Lateinische übernommen: Weil sie keine Hosen trugen, benannten sie dieses typisch germanische Kleidungsstück mit dem germanischen Wort als *braces* (vgl. englisch *breeches*). Lateinisch *sapo* ist eine Übernahme des germanischen Wortes, das unserem *Seife* zugrunde liegt. Es bedeutete damals allerdings eher ‹Schminke› (die Germanen benutzten zur Erhöhung der Schockwirkung auf ihre Feinde vor Kämpfen Gesichtsfarben). Ein begehrtes Luxusgut bei den Römern war Bernstein. Die lateinische Bezeichnung *glesum* stammt aus dem Germanischen. Das Wort gibt es noch im Deutschen, allerdings mit einer etwas anderen Lautform und Bedeutung, nämlich *Glas*.

Von besonderer Bedeutung für die germanische Sprachgeschichte ist das Finnische, das keine germanische Sprache ist, aber schon in einer prähistorischen Phase des Sprachkontakts germanische Wörter übernommen hat. Teilweise hat sich hier durch die Jahrhunderte ein archaischer Lautstand erhalten, der in keiner der bekannten germanischen Sprachen mehr greifbar ist, nicht einmal in den ältesten bekannten Sprachzeugnissen irgendeiner frühen germanischen Sprache. Beispiele sind finnisch *kuningas* ‹König›, *rengas* ‹Ring› und *vantus* ‹Handschuh› mit den germanischen Endungen *-as* bzw. *-us*, die im Gotischen, Althochdeutschen und den übrigen frühen germanischen Sprachstufen schon gekürzt oder völlig verschwunden sind.

In der Zeit zwischen Antike und Mittelalter, als Goten und Langobarden in Oberitalien siedelten, sind aus deren Sprache zahlreiche Wörter in die dortigen romanischen Dialekte und von da teilweise sogar ins überregionale Italienische gelangt. Beispiele sind italienisch *brand* ‹Schwert› (das Wort ist auch im Namen *Hildebrand* enthalten) und *guerra* ‹Krieg› (das auch in deutschem *wehren* steckt und in englischem *war* weiterlebt). Aber nicht nur martialische Wörter sind von den Romanen übernommen worden, sonder auch ganz unscheinbare Adjektive wie italienisch *bianco* (zu deutsch *blank*) oder *biondo* (zu deutsch *blond*). Auch italienisches *giardino* und französisches *jardin* ‹Garten› sind Entlehnungen aus germanischen Kontaktdialekten. Ein Kuriosum ist unser Wort *Galopp*. Es wurde im Frühmittelalter in der Form *wala upp* ‹wohl auf!› als Reitkommando ins Altfranzösische übernommen. Dort wurde *w-* am Wortanfang regelmäßig durch *g-* ersetzt (weshalb dem deutschen *Wilhelm* auch der französische *Guillaume* entspricht). In dieser veränderten Form wurde *Galopp* später wieder (zurück) entlehnt.

Zur Zeit der mittelalterlichen Hanse war das Niederdeutsche Verkehrs- und Verwaltungssprache im ganzen Ostseeraum und punktuell (Bergen, London, Nowgorod) auch darüber hinaus. Auch die Reformation hat deutsches Wortgut nach Skandinavien transportiert. Bis heute haben sich im Dänischen, Schwedischen und Norwegischen zahlreiche Entlehnungen aus dem Nieder- und Hochdeutschen erhalten. Über das Dänische ist ein Teil davon auch an die äußerste europäische Peripherie bis Island und zu den Färöern vorgedrungen.

Aus dem Englischen hat das Deutsche nicht nur Wörter entlehnt, sondern es hat auch umgekehrt Wörter ans Englische abgegeben. Einige davon sind sprachwissenschaftliche Termini wie *ablaut, aktionsart* oder *umlaut*, anderes hängt mit deutscher Folklore zusammen wie *bratwurst, kirschwasser, knackwurst, octoberfest* oder *gemutlichkeit*. Auch deutscher *weltschmerz*, deutsche *wanderlust* und *jugendstil* haben die Engländer so beeindruckt, dass sie auch die Wörter übernommen haben. Wenig schmeichelhaft für die Herkunftssprache sind dagegen *blitzkrieg, pickelhaube, wehrmacht* und *feldwebel*, das kein Dienstrang in der Armee Ihrer Majestät ist, sondern für Männer (typischerweise deutscher Herkunft) mit militaristischem Gehabe verwendet wird. Durchaus vergleichbar ist das Französische. Auch hier sind Wörter, die sich mit (aus französischer Sicht) typisch deutschen Gegebenheiten verbinden, keine Seltenheit. Auch die Franzosen kennen *gemutlichkeit, jugendstil* und *choucroute*, was nicht anderes ist als *Sauerkraut* in französischer Aussprache und Orthografie.

87. Ist das Deutsche durch das Englische gefährdet? Es wird in absehbarer Zeit nicht dazu kommen, dass das Deutsche insgesamt durch das Englische oder Angloamerikanische verdrängt wird. Das Englische wird allerdings weiter an Boden gewinnen, und zwar in dafür besonders «sensiblen» Bereichen wie Technologie, Wirtschaft,

Kultur und in den Wissenschaften. Hier laufen unter den Bedingungen der Globalisierung Prozesse, die nicht mehr umkehrbar sind. Ob man das als Gefährdung versteht oder als Fortschritt, ist eine Frage des persönlichen Standpunkts, oft des Geschmacks, gelegentlich aber auch der Vernunft.

Ursache für den zunehmenden Englischeinfluss können durchaus kommunikative Notwendigkeiten sein. Wer sich beispielsweise einen neuen PC oder ein Handy anschafft und sich von einem Fachmann beraten lässt oder zuhause das zugehörige Handbuch liest, kommt ohne Kenntnis der entsprechenden englischen Terminologie nicht aus. In anderen Bereichen wären Anglizismen durchaus entbehrlich. Denn das Motiv für die Verwendung englischer (manchmal auch nur pseudoenglischer) Begriffe gerade in öffentlichen und kommerziellen Bereichen kann auch das vordergründige Bedürfnis nach vermeintlich zeitgemäßer Ausdrucksweise sein. Oft und zurecht kritisierte Beispiele sind Hinweise auf Bahnhöfen (wie *ServicePoint* und *Call a bike*) oder Wörter in Anschreiben der Telekom (wie *Freecall* oder *Call and Surf Comfort*), die in einem Maße mit englischen Vokabeln durchsetzt sind, dass ein Kauderwelsch entsteht, das besonders von älteren Menschen nicht verstanden werden kann. Hier kann die Verwendung des Englischen sogar diskriminierend wirken. Wenn eine Autofirma in Werbeanzeigen unter ihr Firmenlogo *feel the difference* schreibt, ist das keine Information, nur englisch. Und deshalb signalisiert der Slogan Modernität. Wieder etwas ganz anderes ist es, wenn Jugendliche neue englische Wörter in ihre Sprache aufnehmen (und andere ebenso rasch wieder aufgeben). Die jungen Leute verstehen sich untereinander. Und das ist das Wichtige. Von dieser Seite droht sicherlich *no danger* für das Deutsche.

88. Was sind Fremd- und Lehnwörter und wozu sind sie gut?

Fremdwörter sind Wörter aus einer Kontaktsprache, die von Sprechern intuitiv und vor allem aufgrund ihrer Lautstruktur als «fremd» erkannt werden können. Solche Wörter beispielsweise aus dem Englischen sind *Downlaod* oder *Steak* (die deutsche Standardsprache kennt weder einen Diphthong «ou» wie in *load* noch ein «*äj*» wie in *Steak*). Auch Wörter französischer Herkunft können oft schon vom Äußerlichen her als solche identifiziert werden, denn das Französische hat im Unterschied zum Deutschen Endbetonung. Man vergleiche *Croupier* oder *Malheur*. Sogar aus dem angeblich toten Lateinischen werden noch heute Wörter ins Deutsche übernommen. Beispiel ist das *Solarium*, das dadurch zweifelsfrei als Fremdwort zu erkennen ist, weil es keine deutschen Wörter mit der Endung *-um* gibt. Eine Reihe einstiger Fremdwörter hat sich aber im Laufe der Zeit der deutschen Lautung so angepasst und auch grammatikalisch so integriert, dass man sie überhaupt nicht mehr als fremd wahrnimmt. Erst um 1900 kam beispielsweise das Wort *Keks* ins Deutsche. Zugrunde liegt der englische Plural von *cake* ‹Kuchen›. Die lautliche Anpassung führte dazu, dass in diesem Fall der englische Diphthong «*äj*» zu einem langen einfachen «*e*» wurde. Sobald auch das *-s* am Wortende nicht mehr als Pluralendung verstanden wurde, sondern als Bestandteil des Wortstammes selbst, war auch die grammatische Assimilation vollzogen. Man bildete einen neuen Plural, nämlich *Kekse*. In solchen Fällen, in denen lautliche (gegebenenfalls auch grammatische) Integration erfolgt ist, spricht man von Lehnwörtern. Dergleichen gibt es übrigens nicht nur in der Hochsprache, sondern auch in den Dialekten. Das niedlich klingende bairische *Botschamperl* (zu Deutsch ‹Nachttopf›), würde niemand für ursprünglich französisch halten. Es handelt sich aber um ein lautlich angepasstes *pot de chambre* (wörtlich ‹Zimmertopf›).

Die Übernahme von Fremdwörtern (und ihr anschließender Wandel zum Lehnwort) kann verschiedene Gründe haben. Natürlich kannte man in Bayern Nachttöpfe, bevor man sie mit einem französischen Wort belegte. Dieses klang aber diskreter oder vornehmer. Sprachliche Diskretion ist ein Motiv unter vielen, weswegen man auf fremde Wörter ausweicht. Ein anderes, sicher häufigeres Motiv sind «lexikalische Lücken». Die Bereiche Technik und IT bieten massenweise Beispiele für Wörter, auf die man im Deutschen gar nicht verzichten könnte. Aber auch andere Wörter, die lange vor der IT-Welle ins Deutsche übernommen (und eine Zeit lang sogar kritisiert) worden sind, schließen Lücken im Wortschatz. Beispiele wären *Baby* und *Teenager* (oder heute kurz *Teeny*). Bevor das Wort *Baby* übernommen (und mit dem Übergang von *äj* zu langem *e* lautlich assimiliert) wurde, gab es im Deutschen die Bezeichnungen *Säugling* und *Kleinkind*. Beides deckt sich in der Bedeutung aber nicht mit *Baby*, denn nicht jedes *Baby* ist ein *Säugling*, und *Kleinkinder* sind keine *Babys* mehr. Hinzu kommt sicher, dass das Wort *Baby* kürzer ist und irgendwie «netter» klingt als *Säugling*. Auch für den *Teeny*, also junge Leute zwischen 13 (*thir-teen*) und 19 (*nine-teen*) gibt es keine «deutsche» Bezeichnung. *Backfisch* zu Großmutters Zeiten konnte nur auf Mädchen bezogen werden, *Halbstarker* für Jungen war abwertend. Als umfassende und wertneutrale Bezeichnung für junge Menschen im entsprechenden Lebensstadium drängte sich englische Bezeichnung geradezu auf.

89. Wird das Deutsche von anderen Sprachen auch grammatikalisch beeinflusst? Das Deutsche hat im Laufe seiner Geschichte nicht nur Wörter aus Kontaktsprachen übernommen, sondern auch syntaktische Strukturen. Eine große Rolle spielte dabei zunächst das Lateinische. Schon die Mönche des Frühmittelalters, die gezwungen waren, lateinische Texte wie das Vaterunser, das Glaubensbekenntnis, Gebete und Predigten in die Volkssprache zu übersetzen, standen vor dem Problem, dass es im Lateinischen Satzkonstruktionen gab, die sich nur schwer ins Deutsche übertragen ließen. Ein Relikt aus dieser frühen Zeit ist *Vater unser* (nicht *unser Vater*) mit nachgestelltem Possessivpronomen wie *Pater noster*. Die frommen und gelehrten Autoren mühten sich redlich, auch komplexe lateinische Satzperioden oder Konstruktionen wie den Akkusativ mit Infinitiv und den absoluten Ablativ, ebenso bestimmte Partizipialkonstruktionen des Lateinischen in den Griff zu bekommen. Manches hat dabei auf das Deutsche abgefärbt. Anderes (wie Akkusativ mit Infinitiv oder absoluter Adjektiv) konnte sich dagegen nicht durchsetzen.

Das Germanische kannte nur zwei Tempora, nämlich Präsens und Präteritum. Dass wir heute im Deutschen (zumindest in der gehobenen Schriftsprache, nicht in der Alltagssprache) sechs Tempora haben (Präsens, Präteritum, Perfekt, Plusquamperfekt, Futur I und II), hängt sicher damit zusammen, dass genau dieses System im Lateinischen vorgegeben war und über Jahrhunderte hinweg von Übersetzern bewältigt werden musste.

In der Gegenwartssprache gibt es strukturelle Einflüsse auch des Englischen auf das Deutsche. Die starke Zunahme der Verwendung der Verlaufsform (z. B. *ich bin grade am Briefschreiben*, nicht … *ich schreibe gerade einen Brief*) kann als englischer Struktureinfluss gelten (vgl. *I'm writing a letter*). Imitat einer anderen englischen Konstruktionsweise ist auch die Negation mit *nicht wirklich*, wenn man ganz einfach *nicht* meint. Vorbild ist englisches *not really*. Datierungen mit *in* (z. B. *das war in 2009*) imitieren ebenso ein englisches Muster (nämlich *it was in 2009*) wie die Verwendung von *erinnern* ohne Reflexivpronomen und mit Akkusativobjekt. Deutsches *ich erinnere das ganz gut* statt *daran erinnere ich mich ganz gut* ahmt englisches *I remember this quite well* nach. Auch idiomatische Fügungen können englischen Vorbildern folgen wie beispielsweise *das macht Sinn* (statt *das ist sinnvoll*) nach *this makes sense* oder *einmal mehr* (statt *nochmal(s)* oder *wieder*) nach *one more time*.

90. Sprechen Frauen anders als Männer?   Über kaum ein Thema im Zusammenhang mit Sprache und Sprechen ist so viel Halbgares und Unsinniges gesagt und geschrieben worden, wie über die Unterschiede zwischen Frauen- und Männersprache. Zunächst einmal: Frauen und Männer verwenden im Deutschen dieselben Vokale und Konsonanten. Sie bilden die Pluralformen von Substantiven und die Vergangenheitsformen von Verben auf übereinstimmende Weise, und Verben regieren bei beiden Geschlechtern dieselben Kasus. Die meisten Wörter werden von Frauen und Männern mit gleicher Bedeutung verwendet. Und dennoch wird oft behauptet, Männer und Frauen sprächen jeweils eine andere Sprache. Was stimmt nun? Auf jeden Fall gibt es Stereotypen über Frauen- und Männersprache, z. B. dass Frauen mehr oder emotionaler reden würden als Männer, die eine «sachliche» Ausdrucksweise bevorzugten, oder dass Männer eine größere Neigung zu Kraft- oder Gewaltausdrücken zeigen würden als Frauen. Männer können angeblich nicht zuhören, Frauen nicht beim Thema bleiben und dergleichen mehr.

Man muss aber zunächst zwei Aspekte auseinander halten, einmal die Sprache als Verständigungsmittel mit einer vorgegebenen grammatischen Struktur und einem bestimmten zur Verfügung stehenden lexikalischen Inventar, und dann das, was Männer und Frauen mit (oder aus) der Sprache machen. Um einen Vergleich zu bemühen: Man kann ein Auto für sich genommen unter technischen Aspekten betrachten, und man kann thematisieren, wie Frauen und Männer damit umgehen. Die Unterschiede bestehen nicht im Auto, sondern in der Fahrweise. Folglich ist die Redeweise von *der* Frauensprache, die sich von *der* Männersprache unterscheidet, unsachgemäß. Ebenso wenig, wie man ein Auto mit der Fahrweise verwechseln sollte, sollte man die Sprache mit dem Kommunikationsverhalten verwechseln. Dass Männer und Frauen sich im Fahr- und Sprachverhalten wenigstens tendenziell unterscheiden, wird niemand leugnen. In jeder durchschnittlichen Talkshow kann man beobachten, dass Männer öfter und rigider anderen ins Wort fallen als Frauen. Bei Frauen kann man insgesamt eine stärkere Neigung feststellen, eigene Aussagen durch entsprechende Adverbien, mit Konjunktiv oder in Fragesatzform zu relativieren als bei Männern. Frauen zeigen eher die Tendenz, Aufforderungen nicht in Imperativform (*geben Sie mir mal die Akte rüber*) äußern, sondern im Konjunktiv und als Frage (*könnten Sie mir bitte mal die Akte rüberreichen*). Frauen in Dialektgebieten verwenden eher einen «gemäßigteren» Dialekt als Männer. Alles das hat aber nicht *die* Männersprache zu verantworten. Es sind unterschiedliche weibliche und männliche Sprachverwendungsstile. Zudem muss man – ähnlich wie beim Fahrverhalten – auch beim Thema Kommunikationsverhalten differenzieren: Es gibt nicht wenige Männer, die zuhören, konjunktivisch, nicht imperativisch um etwas bitten, die einem Gesprächspartner (auch einer Gesprächspartnerin) nicht das Wort abschneiden, keine unflätigen Wörter oder Kraftausdrücke verwenden (und defensiv Auto fahren). Ebenso sind Frauen, die andere nicht ausreden lassen, starke Neigung zum Imperativ zeigen, die sich nicht scheuen, nicht jugendfreies Vokabular an den Tag zu legen (und auf der Autobahn rasen), eine Realität. Der konkrete Sprachgebrauch wird sicher nicht nur von Genderfaktoren bestimmt, sondern auch von individuellen, situativen, alters- und berufssoziologischen Faktoren und nicht zuletzt von der Erziehung des oder der einzelnen.

91. Hat *man* etwas mit *Mann* zu tun? Ein eklatanter «Mangel» der angeblich männlich dominierten deutschen Sprache ist nach Ansicht mancher feministischer Linguistinnen die Verwendung des Indefinitpronomens *man* im Deutschen. Etymologisch gesehen trifft das zu, denn *man* ist historisch gesehen tatsächlich dasselbe wie *Mann*. Aber wer etymologisch argumentiert, muss auch konsequent sein und bedenken, dass das althochdeutsche Wort *man* generell ‹Mensch› bedeutet hat, in etwa so wie englisch *mankind*. Wenn man im Althochdeutschen dezidiert von einem *Mann* (im heutigen Wortverständnis) sprechen wollte, musste man präziser sein und *gomman* sagen (wobei *gom* etymologisch gesehen dasselbe ist wie *-gam* in *Bräutigam*). *Gomman* bedeutet ins heutige Deutsche umgesetzt ‹Mannmensch›. Gegenstück wäre das englische Wort *woman*, das auf das altenglische Kompositum *wifmon* (ganz wörtlich ‹Weibmensch›, also eigentlich ‹weiblicher Mensch›) zurückgeht. Dieses *man* wurde vom Althochdeutschen bis heute als Indefinitpronomen beibehalten, das heißt als ein Pronomen, mit dem man (!) sich auf eine unbestimmte persönliche Größe bezieht, egal ob männlich oder weiblich. Im Laufe der Zeit wurde das Substantiv *man* allerdings auf den Gegensatz zu *wîp* eingeengt und in der heutigen Bedeutung ‹Mann› verwendet. Das Element *man* steckt übrigens (oberflächlichen Blicken etwas unzugänglich) im Pronomen *jemand*. Die althochdeutsche Form war *ioman* (ohne -*d* am Ende) und bedeutete ‹irgendein Mensch›. Erst spät, etwa seit dem 15. Jahrhundert, trat ein unetymologisches *d* ans Wortende. Konsequenterweise müssten Verfechterinnen eines femininen Pronomens *frau* auch *jefrau* sagen. Übrigens ist das französische Pendant zu *man*, nämlich *on*, nichts anderes als verkürztes *homme*. Auch das bedeutet ‹Mensch› und ‹Mann›.

Noch eine Bemerkung zum Thema sprachliche (In-)Konsequenz: Angenommen, es würde gelingen, neben *man* ein Pronomen *frau* zu etablieren und die Verwendung von *man* als chauvinistisch zu stigmatisieren (was mit Sicherheit nicht eintreten wird), was wäre dann mit den Kindern? In welcher Formulierung sollte *frau* oder *man* ihrem oder seinem Kind sagen, dass *man* sich vor dem Essen gefälligst die Hände wäscht? So: *Vor dem Essen wäscht kind sich die Hände...?* Oder gleich so: *vor dem Essen wäscht mädchen/junge sich die Hände?*

92. Brauchen wir AkademikerInnen und ProfessorInnen? Ja, es ist unbestritten: Wir brauchen *Akademikerinnen* und *Professorinnen*, in einigen Fächern sogar sehr dringend. Die Frage ist nur, ob auch *AkademikerInnen* und *ProfessorInnen* sprachlich sinnvoll sind. Die Tatsache, dass deutsche Substantive anders als in anderen Sprachen (beispielsweise im Englischen oder Finnischen), grammatische Genera aufweisen, macht die Sache kompliziert. Sie wird nicht einfacher, wenn man in unzulässiger Weise grammatisches und natürliches Geschlecht gleichsetzt. Wer Stichwörter wie «feministische Sprachkritik», «Männersprache» oder «sexistische Sprache» googelt, bekommt internetseitenweise Ähnliches geliefert: «Männliche» Wörter wie *Professor, Student, Wissenschaftler, Minister, Autor* (usw.) täten Frauen (sprachlich) Unrecht oder gar Gewalt an, weil ihnen qua Sprache die Existenz aberkannt werde, sie somit als «nicht der Rede wert» empfunden würden. Stereotyp erfolgt dann der Vorschlag, diesen strukturellen Mangel des Deutschen dadurch zu beheben, dass nur noch Wörter oder Formen verwendet werden sollen oder dürfen, die nicht a priori «männlich» zu verstehen seien. Verschiedene Wege aus dem sexistischen Dilemma werden vorgeschlagen: Das große *I* im Wortinnern (wie *StudentInnen*), die Klammerung (wie *Student(inn)en*), der Schrägstrich (wie *Student/innen*) oder eine «geschlechtsneutrale» Wortform (*Studierende*). Die rein orthografischen Neutralisierungen haben, von einigen Schwierigkeiten im Detail einmal abgesehen, den entscheidenden Nachteil, dass man sie zwar schreiben, aber nicht sprechen kann. Neutrale Partizipien wie *Studierende* lassen sich nur bei einem Teil der betreffenden Wörter finden. Die *Professoren* erlauben das schon wieder nicht. In der Komposition (z. B. *Studierendenermäßigung* statt *Studentenermäßigung*) sind sie für den alltäglichen Sprachgebrauch zu sperrig. Manche Wörter wie z. B. *Abgeordnete(r)* oder *Gelehrte(r)* lassen die Differenzierung nur im Singular und mit dem unbestimmten Artikel zu (*eine Abgeordnete* gegenüber *ein Abgeordneter*). Schon der bestimmte Artikel lässt die Differenzierung verschwinden (*die = der Abgeordnete*). Eine rein weibliche Form ist hier grammatisch nicht möglich. Stereotype Paarformeln wie *Ausstellungsbesucherinnen und Ausstellungsbesucher* etc. haben aufgrund ihrer Umständlichkeit keine realistische Chance, sich je ernsthaft und vor allem konsequent durchzusetzen. Geradezu peinlich sind die *Wählerinnen und Wähler*, denen Politiker an Wahlabenden gebetsmühlenartig danken. Die Gebetsmühle bringt nämlich, wenn man genau hinhört, fast immer nur *Wähler und Wähler* hervor.

Sieht man sich in Nachbarsprachen um, entpuppt sich das ganze Problem am Ende vielleicht doch als das, was es ist: als Scheinproblem. Sprecherinnen des Englischen, Finnischen und anderer Sprachen leben offenbar sehr gut damit, dass ihre Sprachen die Möglichkeit der grammatischen Geschlechtsumwandlung (der Fachterminus ist «Motion») überhaupt nicht kennen. In Dänemark, Schweden und Norwegen gibt es – rein grammatikalisch – zwar die Möglichkeit, wie im Deutschen feminine Wortableitungen zu bilden. Wer jedoch davon Gebrauch macht, gilt als rückständig, weil er gerade durch die sprachliche Differenzierung Ungleichwertigkeit von Frau und Mann signalisiert.

Eine bedenkliche – nämlich Männer diskriminierende – Komponente erhält das ganze Thema zusätzlich dadurch, dass die Unterlassung femininer Varianten zwar bei Wörtern wie *Professor*, *Student*, *Wissenschaftler*, *Minister* oder *Autor* kritisiert wird, niemals aber bei wenig prestigebefrachteten Berufsbezeichnungen wie *Straßenkehrer* oder

Hilfsarbeiter, auch nicht bei Begriffen wie *Nationalsozialist, Spitzel* und *Denunziant* und erst recht nicht bei Bezeichnungen für Personen, mit denen man (oder frau) sich auf keinen Fall identifiziert wie *Alkoholiker, Analphabet* oder *Berufsversager.* Bei eindimensionaler Sicht der Dinge sind das offenbar alles Männerdomänen. Zumindest auf den durchgesehenen feministisch-linguistischen Internetseiten wurde das Fehlen von Wörtern wie *Spitzelinnen, Denunziantinnen* und *Berufsversagerinnen* nicht kritisiert.

93. Können Wörter lügen? Der Schweizer Sprachwissenschaftler Ferdinand de Saussure (1857–1913) spricht in seinen «Grundfragen der allgemeinen Sprachwissenschaft» von der «Bilateralität» und «Arbitrarität» sprachlicher Zeichen. «Bilateralität», also Zweiseitigkeit, bedeutet, dass ein hör- oder lesbares Zeichen, etwa eine Lautfolge wie *b-a-o-m* oder eine Buchstabenkette wie *B-a-u-m* von Sprechern des Deutschen mit einer bestimmten Vorstellung verknüpft wird. Wir haben also eine Ausdrucksseite und eine Inhaltsseite. «Arbitrarität» meint, um beim Beispiel zu bleiben, dass uns nichts zwingt, genau diese eine und keine andere Lautkette mit der Vorstellung einer großen Pflanze mit Wurzeln, Stamm, Rinde und Blättern, vielleicht auch Äpfeln oder Birnen in Beziehung zu setzen. Andere Sprachen haben deshalb dafür das Wort *tree* (englisch), *boom* (niederländisch), *arbre* (französisch) oder *arbor* (lateinisch). Die «Arbitrarität», also die Tatsache, dass zwischen dem Bezeichnenden (bei de Saussure *signifiant*) und dem Bezeichneten (bei de Saussure *signifié*) keine notwendigen, naturgegebenen oder wesenhaften Zusammenhänge bestehen, gibt Sprechern die Möglichkeit, andere Zusammenhänge herzustellen als die konventionell gültigen. Das kann irrtümlich passieren, es kann aber auch vorsätzlich geschehen, um einen Kommunikationspartner in die Irre zu führen. Wenn ein Sprecher die Arbitrarität sprachlicher Zeichen vorsätzlich missbraucht, hat er gelogen. Als Antwort auf die gestellte Frage ergibt sich: Wörter für sich genommen lügen nicht (sie können es gar nicht), sondern Menschen lügen mit Wörtern.

Allerdings funktionieren Lügen normalerweise nicht so simpel, dass man Laut- oder Buchstabenfolgen falsche Inhalte zuordnet. Vielfach sind irreführende Wörter relativ nah an der bezeichneten Sache und gaukeln vor, sie zu treffen. Ein Beispiel: Mit *Produkt* oder *Industrie* verbindet man den Aspekt der volkswirtschaftlich relevanten Wertschöpfung durch Arbeit. Komposita wie *Finanzprodukte* oder *Finanzindustrie* sollen suggerieren, dass die Banken- und Finanzsektor Werte schaffen würde, selbst wenn die Wirklichkeit das Gegenteil beweist. Die Laut- und Buchstabenketten lügen nicht. Es lügen die, die sie gebildet haben und sie irreführend verwenden. Besonders dreiste Fälle von Wortmissbrauch werden alljährlich zum «Unwort des Jahres» gekürt.

94. Sprachen die Nationalsozialisten ein besonderes Deutsch? Die Nationalsozialisten redeten und schrieben weitgehend ganz normales Deutsch. Allerdings zeigt der Nazi-Sprachgebrauch einige charakteristische Merkmale. Ein typischer Zug der Propagandarhetorik war der Hang zu Superlativen: Ein Adjektiv wie *groß* genügte nicht. Was von Bedeutung war – sportliche und vor allem militärische Siege – musste nicht nur *groß* sein, sondern mindestens *am größten*, besser noch am *allergrößten*. Adjektive wie *historisch, einzigartig, total* durchziehen die Reden von Hitler, Goebbels und anderer Größen des *Tausendjährigen Reiches*. Ähnliche Effekte versuchte man durch die Verwendung von irrationalem, pseudoreligiösem Vokabular zu erzielen. Schon das Wort *Führer* ist irrational, semantisch leer und allenfalls assoziativ und emotional aufgeladen. Hitler wähnte sich unter dem Schutz der *Vorsehung*. Reichsparteitage fanden passender Weise unter *Lichterdomen* statt. Ein aus Tausenden Kehlen gebrülltes *Heil!* glich einem übersteigerten sakralen Responsorium. Goebbels setzte den *totalen Krieg* mit einem *Gottesdienst* gleich.

Eine andere Technik des suggestiven oder irreführenden Sprachgebrauchs war die semantische Neubesetzung von Begriffen. Adjektive wie *fanatisch, rücksichtslos* oder *erbarmungslos* beispielsweise wurden positiv besetzt. Dem Vokabular des vornationalsozialistischen Rassismus, der bis ins 19. Jahrhundert zurückreichte, konnte man Begriffe wie *Volksgenosse, Arier, Herrenmensch, Deutschtum* oder *Ahnenerbe* übernehmen. Pseudogermanisch waren die SS-Runen, das stabreimende *Heil Hitler* und die Verwendung der Bezeichnung *Gaue* für Verwaltungsbezirke.

Ein weiterer Aspekt des nationalsozialistischen Sprachmissbrauchs ist der der Tarnung und Vertuschung: Die Zerstörung von Synagogen und jüdischem Eigentum wurde euphemistisch als *Reichskristallnacht* bezeichnet. Wenig später nannte man Erniedrigung, Misshandlung und Mord in zynischer Weise *Sonderbehandlung*. Die

Organisaoren des Massenmordes verwendeten häufig scheinbar technische und pseudowissenschaftliche Begriffe wie *Endlösung, Hygiene, Gesundheit, Volkskörper* oder *nordische Rasse*, um Verbrechen dadurch als Naturnotwendigkeiten erscheinen zu lassen. Die «Legitimation» lieferten «Forschungen» zur *arteigenen Rassenkunde*. Als das Dritte Reich schon in Trümmern lag und alle Rückmärsche, die den *Volksgenossen* als *Frontbegradigungen* verkauft wurden, die Niederlage nicht einmal mehr sprachlich kaschieren konnten, phantasierten die Machthaber immer noch vom *Endsieg*. Wie die Beispiele zeigen, waren die Nazis vor allem im Bereich der suggestiven Bildung von Komposita kreativ. Hinzu kamen Phrasen wie *Lebensraum im Osten, lebensunwertes Leben* oder *entartete Kunst*. Wortbildungen mit dem veralteten Suffix *-tum* in Wörtern wie *Deutschtum, Volkstum, Germanentum, Soldatentum* gehörten bereits zum Vokabular reaktionärer Kreise der Kaiserzeit.

Eher lächerliche Charakteristika der offiziellen NS-Sprache waren die Masse an Abkürzungen wie *HJ* (*Hitlerjugend*), *BdM* (*Bund deutscher Mädel*), *SS* (*Sturmstaffel*), *KdF* (*Kraft durch Freude*) usw. Dergleichen und auch die zahlreichen monströsen Komposita mit *Reichs-* wie *Reichsschrifttumskammer* gaben Anlass zur Parodie. Der *größte Feldherr aller Zeiten* schnurrte zum *Gröfaz* zusammen, Marktfrauen auf dem Münchner Viktualienmarkt begrüßten sich mit *Drei Liter* statt mit *Heil Hitler* (sofern sich Oskar Maria Graf die entsprechende Kalendergeschichte nicht ausgedacht hat), und die Schauspielerin Kristina Söderbaum avancierte im Volks(genossen)mund zur *Reichswasserleiche*. Sie beschloss ihre Filmleben vorzugsweise in fließenden oder stehenden Gewässern.

95. Gab es ein DDR- und ein BRD-Deutsch? Die westdeutsche Wahrnehmung der vermeintlich typischen DDR-Sprache beschränkt sich oft auf einige Äußerlichkeiten wie Aussprache und bestimmte Wörter. Dabei gab es definitiv keine DDR-Phonetik, und was fälschlich dafür gehalten wird, ist nichts anderes als sächsische Dialektlautung, die nur in einem Teilgebiet der einstigen DDR gesprochen worden ist. Dass das Sächsische vielfach für DDR-typisch gehalten wird, hängt damit zusammen, dass prominente und deshalb medienpräsente Politiker wie Walter Ulbricht und Erich Honecker mit sächsischem Akzent sprachen. Dabei war allerdings nur der aus Leipzig stammende Ulbricht ein Sachse. Der gebürtige Saarländer Honecker hat sich dem

Ton seines Vorgängers und seiner Umgebung leidlich gut angepasst. Auch gab es keine unterschiedliche DDR- bzw. BRD-Grammatik. Was es gab, waren systembedingt unterschiedliche Wortschätze im politischen und gesellschaftlichen Bereich. DDR-spezifische Begriffe waren *Nationale Volksarmee*, *Held der Arbeit* oder *Junge Pioniere*. Auf bundesrepublikanischer Seite gab es – auch wenn sich heutige Politiker nicht mehr daran erinnern – Begriffe wie *Sozialpartnerschaft* und *Paritätische Mitbestimmung*, aber auch *Radikalenerlass*.

Als typische DDR-Relikte im Deutsch der «Neuen Bundesländer» gelten auch bestimmte Wörter wie *Kaufhalle* (gegenüber dem westdeutschen *Supermarkt*), *Broiler* (gegenüber *Brathähnchen*) oder *Dreiraumwohnung* gegenüber *Dreizimmerwohnung*. Die Menge solcher Unterschiede geht aber nicht über das hinaus, was man auch als Nord-Südgegensätze kennt, z. B. *Blaukraut* (Süden) gegenüber *Rotkohl* (Norden), *Orange* (Süden) gegenüber *Apfelsine* (Norden) oder *Grüß Gott* (Süden) gegenüber *Guten Tag* (Norden). Schwerer festzustellen und weniger plakativ sind unterschiedliche Kommunikationsmuster, die sich im Laufe der vier Jahrzehnte, die die DDR existierte, herausgebildet haben. Junge Frauen in Leipzig und Dresden finden nichts dabei, das «generische Maskulinum» zu verwenden und zu sagen *solange ich Student bin, kann ich mir kein Auto leisten* oder *nach den Ferien bin ich Referendar*. Zumindest tendenziell haben «gelernte DDR-Bürger» Probleme mit nichtssagendem Smalltalk, mit Reden ohne etwas zu sagen.

96. Warum gibt es Wörter, die «man nicht in den Mund nimmt»?

Im 11. Jahrhundert kam ein unbekannter St. Galler Mönch auf die Idee, ein paar althochdeutsche Sprichwörter in einer lateinischen Handschrift festzuhalten, die ansonsten nur lateinische Texte enthält. Er schrieb unter anderem *so diz rechpochchili fliet, so plecchet imo ter ars* ‹wenn das Rehböcklein flieht, dann leuchtet ihm der Arsch›. Dabei hatte er gewiss nicht im Sinn, etwas Unflätiges zu Pergament zu bringen. Man konnte im Mittelalter das Wort *ars* wesentlich unbefangener verwenden als heute das daraus entstandene *Arsch*. Spätestens seit dem prüden 18. Jahrhundert gilt es als unschicklich, Dinge, die etwas mit Körperlichkeit oder gar Sexualität zu tun haben, direkt zu benennen. Dabei existieren in der Sprache (folglich auch in Wörterbüchern) einschlägige Wörter wie *Arsch*, *Pimmel*, *ficken* oder *Möse* zuhauf. Trotzdem unterliegen sie im öffentlichen und gesitteten Sprachgebrauch einem Sprachtabu. Dass das nicht etwa an obszönen Laut- oder Buchstabenkombinationen liegen kann, ist leicht einzusehen. Was sprachlich «unanständig» ist, wird immer kulturell definiert. Mit den tabuisierten Dingen wurden auch die zugehörigen Bezeichnungen tabuisiert, was aber auch den Effekt hatte, dass ausgerechnet in diesen Bereichen die obszönen, teilweise auch nur scherzhaften Synonyme fröhlich wucherten.

Ein anderes Sprachtabu besteht im religiösen Bereich. Das zweite der Zehn Gebote lautet *du sollst den Namen Gottes nicht missbrauchen*. Dieses Verdikt wird von manchen gläubigen Menschen so interpretiert, dass man heilige Namen wie *Gott* oder *Jesus* überhaupt nicht oder nur in explizit religiösen Kontexten benutzen dürfe, dass man deshalb auch kein unbedachtes *Herrje* (eine Kürzung aus *Herr Jesus*) oder *o Gott* über die Lippen bringen dürfe. Auch hier hat sich gewissermaßen «hinter dem Tabu» vieles aufgestaut. Flüche sind traditionell oft religiös motiviert. Bisher hat noch niemand sprachwissenschaftlich untersucht, ob Katholiken, Protestanten und Atheisten unterschiedlich fluchen. Die Religion ist durch eine Grauzone mit dem Aberglauben verbunden. Dinge, vor denen Menschen Angst haben, werden oft mit einem Sprachtabu belegt. Man vermeidet beispielsweise Wörter wie *Tod* oder *Teufel* und ersetzt sie – nur scheinbar scherzhaft – durch *Freund Hein* oder *Gottseibeiuns* und dergleichen. Solches Sprach(tabu)verhalten lässt sich weit in die Vergangenheit zurückverfolgen. Unser *Blut* geht zusammen mit englisch *blood* auf ein germanisches Wort zurück, das ursprünglich ‹Fließendes› bedeutet haben muss. Man wollte offenbar das Blut nicht direkt «beim Namen» nennen, um nicht durch die Nennung Verletzungen oder einen gewaltsamen Tod heraufzubeschwören. Auch das Wort *Bär* (althochdeutsch *bero*, englisch *bear*) heißt ursprünglich nur ‹der Braune›. Man befürchtete, mit der Nennung des «richtigen» Namens würde man ihn herbeirufen.

97. Ist gesprochenes Deutsch anders als geschriebenes Deutsch? Gesprochenes Deutsch unterscheidet sich ganz wesentlich von geschriebenem. Kein Mensch spricht in normalen, alltäglichen Kommunikationssituationen so, wie er schreibt, und umgekehrt schreibt niemand exakt so, wie er spricht. Geschriebenes ist grundsätzlich monologisch. Wer schreibt, kann sich im Normalfall die Formulierungen zurechtlegen, gegebenenfalls nachträglich verändern. Gesprochene Sprache ist im Normalfall flüchtig, vollzieht sich im Dialog oder in der Interaktion zwischen mehreren Gesprächsteilnehmern. Gesprochenes Deutsch zeigt deshalb Struktureigenschaften, die deutlich vom geschriebenen Deutsch abweichen: Gesprochene Sätze sind im Durchschnitt kürzer als geschriebene. In lebendigen Gesprächssituationen können unvollständige Sätze («Ellipsen»), auch Konstruktionsbrüche («Anakoluth») durchaus akzeptabel sein. Beim Sprechen verknüpft man Sätze weniger mit Konjunktionen, und man verwendet für insgesamt weniger Nebensätze ein weniger ausdifferenziertes Repertoire an unterordnenden Subjunktionen. Wortstellungsregularitäten (z. B. die verbale und nominale Klammer oder die Verbendstellung in Nebensätzen) werden beim Sprechen weniger beachtet als beim Schreiben. All das wird kaum als Regelverstoß wahrgenommen. Beim Sprechen werden Interjektionen (*äh, ja, na*), Füllwörter (*Ding, gell, sag's*) auch Phrasen (*nicht wahr, verstehst du, sag ich jetzt mal, wenn du mich fragst*) verwendet, um Denkpausen zu füllen, eine Aussage zu bekräftigen oder auch abzumildern. Bestimmte stilistische Konventionen spielen beim Sprechen eine wesentlich geringere Rolle als beim Schreiben: Man achtet beispielsweise beim Sprechen normalerweise nicht darauf, Wortwiederholungen zu vermeiden, beim Schreiben sehr wohl. Wer schreibt, hat nicht die Möglichkeit, mit der Stimmführung («Prosodie») seine Aussage zu akzentuieren. Gesprächsmitteilungen können durch gestische oder mimische Begleitsignale ergänzt und modifiziert werden. Das ist beim Schreiben nicht möglich. Allerdings bieten neuerdings in der elektronischen Schriftlichkeit, in der E-mail- und sms-Kommunikation ganze Sets von Smilies und anderen mit Tasten- oder Mausklick leicht einfügbaren Symbolen bisher unbekannte Ersatzmöglichkeiten, um das Geschriebene mit außersprachlichen Signalen zu begleiten.

Man muss allerdings sehen, dass der Gegensatz gesprochene versus geschriebene Sprache nur zwei Extrempositionen bezeichnet. Es gibt viele Übergangsformen. Ein Pastor auf der Kanzel, der seine Sonntagspredigt am Vorabend verfasst hat und sich ans Manuskript hält, spricht zwar, aber er reproduziert mehr oder weniger Geschriebenes. Solch schriftnahes Sprechen bezeichnet man als «konzeptuelle Schriftlichkeit». Es gibt auch «konzeptuelle Mündlichkeit», beispielsweise dann, wenn ein Krimiautor in einer Erzählung versucht, seine Figuren möglichst authentisch und milieugetreu zu zeichnen. Der Text ist dann zwar geschrieben, aber die Figuren «sprechen».

98. Gibt es im Deutschen Sprachbarrieren? Schon in der Soziolinguistik der siebziger und achtziger Jahre des 20. Jahrhunderts waren «Sprachbarrieren» ein zentrales Thema. Man meinte damit die Tatsache, dass besonders Kinder aus «Unterschichtfamilien» mit geringem Wortschatz und bescheideneren grammatikalischen Möglichkeiten auskommen müssten als Kinder aus «gehobeneren» Verhältnissen. «Unterschichtkinder» hätten beispielsweise Probleme, logische Zusammenhänge (etwa Kausal- oder Konditionalverhältnisse), sprachlich auszudrücken. Sie hätten Probleme bei der korrekten Bildung von Flexionsformen und verfügten über ein geringeres Wortbildungspotenzial als Altersgenossen aus höheren sozialen Milieus. Man bezeichnete das als «restringierten Code» (aus englisch *restricted code*), und zwar im Gegensatz zum «elaborierten Code» (*elaborated code*) der Kinder von Eltern, die ihnen abends vorlesen, ihnen Sachverhalte erklären, mit ihnen diskutieren, sich um ihre schulischen Belange kümmerten. Die Debatte ging darum, ob die Unterschiede überhaupt zu werten seien, und falls ja, nach welchen Maßstäben. Vertreter der «Defizithypothese» waren der Auffassung, es sei gesellschaftspolitische Pflicht und Aufgabe, Kindern mit «restringiertem Code» eine kompensatorische Erziehung zukommen zu lassen, die sie in die Lage versetzt, sich die Standards eines «elaborierten Codes» anzueignen. Die Verfechter der «Differenzhypothese» leugneten zwar den Unterschied nicht, lehnten es aber ab, bildungsbürgerliche Standards als Wertmaßstab und damit als pädagogische Zielvorgabe anzuerkennen. Die unterschiedlichen «Codes» sind nach diesem Verständnis jeweils auf ihre Weise funktionstauglich, und wer zu einem «elaborierten Code» fähig sei, mache keineswegs permanent davon Gebrauch, sondern spreche in alltäglichen Standardsituationen tendenziell auch einen «restringierten Code». Die Benachteiligung von Sprechern eines «restringierten Codes» resultiere lediglich aus der Abwertung durch Sprecher solcher Schichten, die es sich anmaßten, ihre eigenen kommunikativen Konventionen zum allgemeinen Maßstab zu erheben.

Zu einer Einigung zwischen beiden Denkschulen ist es nicht gekommen. Das Problem der Sprachbarrieren besteht weiter, und zwar weitaus schärfer und vielschichtiger denn je. Es sind jedoch ganz neue Aspekte hinzu gekommen, die vor wenigen Jahrzehnten noch jenseits des Horizonts lagen. Heute geht es nicht mehr ausschließlich darum, wie man pädagogisch mit soziolinguistischen Unterschieden zwischen Deutsch sprechenden Kindern umgehen sollte, ob Differenz gleichbedeutend sei mit Defizit, sondern darum, welche Sprach- und Kommunikationsprobleme sich daraus ergeben, dass viele Menschen, die heute in Deutschland, Österreich und in der Schweiz leben, Deutsch als Zweit- oder Drittsprache erst erlernen müssen, dass Kinder die Grundschule besuchen, deren Eltern kaum Deutsch verstehen. «Menschen mit Migrationshintergrund» ist nur ein nichtssagendes Behelfsetikett für zahlreiche Zuwanderer mit ganz verschiedener ethnischer Herkunft, völlig unterschiedlichen kultursoziologischen Voraussetzungen und folglich ganz unterschiedlich ausgeprägter Integrationsbereitschaft. Die Sprachbarrieren im deutschen Sprachraum von heute überlagern und verstärken sich mit Religions-, Kultur- und Mentalitätsbarrieren, die weitaus schroffer und viel schwieriger zu überwinden sind, als das, worüber die Soziolinguisten des vorigen Jahrhunderts gestritten haben.

99. Verändern die neuen Medien die deutsche Sprache? Die technischen Kommunikationsmöglichkeiten, die das Internet bietet, haben dazu geführt, dass sich auch das Sprech- und vor allem das Schreibverhalten der *User* verändert hat und permanent weiter verändert. Es besteht nicht nur die Möglichkeit, monologische Mails (mehr oder weniger im Stil traditioneller Briefe) zu schreiben und zu versenden, sondern über Plattformen wie Skype, Schüler- und StudiVZ, Facebook, in Chatrooms und mit instant messaging synchron schriftliche «Dialoge» zu veranstalten oder sich mit mehreren Partnern auszutauschen. Diese Art der Schriftlichkeit hat wie von selbst binnen kurzer Zeit Züge der Mündlichkeit angenommen. Groß- und Kleinschreibung, Interpunktion und Orthografie in Chats, E-Mails und Blogs richten sich längst nicht mehr nach den Duden-Regeln. Wörter werden gekürzt, Lautungen möglichst direkt in Schreibungen umgesetzt (*kommste* statt *kommst du*). Häufig wird auch Dialekt verschriftet (z. B. bairisch *i ko heid ned kemma* für ‹ich kann heute nicht kommen›). Interjektionen wie *hey, oje, aahh, grrr* und Ähnliches werden dazu verwendet, eine quasi-mündliche Atmosphäre zu schaffen. Anglizismen der besonderen Art finden Eingang auch in die deutsche sms-Kommunikation (4 *U* = *for you* ‹für dich› oder *CU* = *see you* ‹wir sehen uns›). Nichtsprachliche Ikons («Emoticons») können dazu verwendet werden, zusätzlich zum formulierten Text Ironie, Ärger, Überraschung oder Freude zu signalisieren. Teilweise genügen dazu schon simple Folgen von Interpunktionszeichen wie :-) oder :-(. Der Schreibökonomie geschuldet sind feste Abkürzungen wie *hdl* ‹hab dich lieb› oder *mfg* ‹mit freundlichen Grüßen›. In gewisser Weise bewirken die neuen elektronischen Kommunikationsmöglichkeiten zwar durchaus eine Art Rückkehr zur Schriftlichkeit, allerdings zu einer Schriftlichkeit, die ihre eigenen Gesetze hat. Dass sich scheinbar regellose Schreibgewohnheiten langfristig auch auf die herkömmliche Schriftlichkeit auswirken, dass die Grenze zwischen digitaler und traditioneller Schriftlichkeit fallen wird, ist nicht zu befürchten. Untersuchungen an der Universität Zürich haben ergeben, dass Jugendliche sehr wohl zwischen spontanen, privaten und offiziellen Kommunikationsarten und Textsorten zu unterscheiden wissen. Das Internet ist der Ort, in dem sich so etwas wie eine zweite Jugendsprache herausgebildet hat. Wer sie beherrscht, gibt zu erkennen, dass er zur Szene gehört. Außerhalb der Szene spricht bzw. schreibt man anders. Das allein spricht schon dagegen, dass Ausdrucks- und Schreibweisen auf herkömmliches Schreiben übergreifen werden.

Ein ganz anderer Aspekt im Zusammenhang mit Internet und Computer ist der Einfluss des typischen Vokabulars auch auf die Alltagssprache. Begriffe der Computersprache werden zunehmend als Metaphern verwendet: Sportler können Leistungen *abrufen* (oder auch nicht). Man *merkt* sich Dinge nicht, man *speichert sie ab*. Was man *vergessen* hat, ist *nicht mehr auf der Festplatte*. Jemand wird nicht *überzeugt* oder *überredet*, sondern *umprogrammiert*. Statt *Schluss* oder *Feierabend* zu machen, *fährt* man *sich runter*. Arbeits- oder alkoholbedingte *Müdigkeit* ist ein *Systemabsturz*. Und dann schaltet zwangsläufig *das Betriebssystem auf standby*.

Abschließendes

100. Wo auf der Welt wird Deutsch gesprochen? Die meisten Deutschsprecher (annähernd 100 Millionen) leben in Deutschland, Österreich und in der Schweiz. Deutsch ist Amtssprache auch in Liechtenstein und Luxemburg. Anerkannte Minderheitensprache ist Deutsch in Belgien, in den Niederlanden, in Frankreich (Elsass und Lothringen mit ca. einer Million Deutschsprechern) und im italienischen Südtirol. In Bozen, der größten Stadt Südtirols, sind etwa 70 Prozent der Einwohner deutschsprachig, in den ländlichen Berggegenden noch mehr. Die deutsch-dänische Sprachgrenze ist nicht deckungsgleich mit der deutsch-dänischen Staatsgrenze. Südlich davon, in Schleswig-Holstein, lebt eine dänische Minderheit, nördlich davon, im südlichen Jütland, eine deutschsprachige von ungefähr 20 000 Personen. In den baltischen Staaten Litauen, Estland und Lettland leben noch einige Tausend Deutschsprecher. In den osteuropäischen Ländern Polen, Tschechien, der Slowakei, in Ungarn und Rumänien sind infolge der Vertreibung nach dem Zweiten Weltkrieg und späterer Übersiedlung nur noch Reste der bis 1945 dort lebenden deutschsprachigen Bevölkerungen vorhanden. In Russland (vor allem in Sibirien) gibt es nach wie vor deutschsprachige Ortschaften. In Übersee, in Nord- und Südamerika, in Australien und in Ländern, die wie Namibia einst deutsche Kolonien waren, gibt es noch Nachkommen einstiger Siedler, die immer noch Deutsch sprechen. Ihr Anteil an der jeweiligen Gesamtbevölkerung bewegt sich aber durchwegs im niedrigen Prozentbereich (Tendenz sinkend). In den USA spricht nach Erhebungen von 2003 noch über eine Million Menschen Deutsch.

Darüber, wie viele Menschen weltweit Deutsch als Fremdsprache lernen, gibt es keine genauen und gesicherten Zahlen. Vor allem in ost- und südosteuropäischen Ländern ist Deutsch noch vor dem Englischen die erste Fremdsprache. Studenten, die aus diesen Ländern an eine deutsche Universität kommen, sind oft irritiert, wie bereitwillig das Deutsche im normalen Universitätsalltag dem Englischen Platz macht. Bei den internationalen Internetseiten nimmt Deutsch mit ca. 8 Prozent Platz 2 hinter dem Englischen ein, das allerdings mit etwa 50 Prozent einsam die Spitzenposition besetzt.

101. Wozu braucht man deutsche Sprachgeschichte? Viele der bisher 100 Fragen waren an sich schon sprachgeschichtlich oder berührten nebenbei sprachhistorische Aspekte. Deshalb soll abschließend gefragt werden, warum Sprachgeschichte für das reflektierende Verständnis der deutschen Sprache hilfreich, wenn nicht sogar unabdingbar ist.

Es ist so ähnlich wie mit einer alten Stadt: Man kann sie zu Fuß erwandern und besichtigen, mit dem Fahrrad oder mit der Straßenbahn ans Ziel kommen, ohne zu wissen, warum sich hier scheinbar sinnlos ein Graben entlang zieht, oder dort in weitem Bogen eine alte Mauer umfahren werden muss. Man kann aber auch nach dem Warum fragen: Warum ist genau da dieser Graben und was verbirgt sich hinter dieser merkwürdigen Mauer? Die Erklärung liefert die Stadtgeschichte: Ein Graben kann der Rest einer alten Befestigungsanlage sein, und hinter einer Mauer kann sich ein alter Friedhof verbergen. Mit der deutschen Sprache ist es ganz ähnlich. Auch sie hat ihre scheinbar sinnlosen «Gräben» und ihre merkwürdigen «Mauern», die man als vermeintliche «Unregelmäßigkeiten» (von denen in diesem Buch verschiedentlich die Rede war) wahrnehmen kann, die man im alltäglichen Umgang aber meistens ebenso wenig registriert wie das, was neben der Straße steht. Wenn man aber erst einmal nachdenkt, stellen sich immer wieder Fragen (und zwar mehr als 101!). Und wenn man erst einmal angefangen hat, nach dem *Warum* zu fragen, landet man sehr schnell beim *Woher*. Man kann die heutige deutsche Sprache inventarisieren und beschreiben wie die Topologie einer Stadt. Man kann sich auf Deutsch verständigen, ohne sich für die Herkunft der verwendeten Wörter und seiner grammatischen Strukturen zu interessieren. Alles das ist legitim. Doch Beschreiben und Verwenden ist nicht dasselbe wie Erklären. Hermann Paul (1846–1921), einer der Klassiker der deutschen Sprachwissenschaft, hat es so formuliert:

Was man für eine nichtgeschichtliche und doch wissenschaftliche Betrachtung der Sprache erklärt, ist im Grunde nichts als eine unvollkommen geschichtliche, unvollkommen teils durch Schuld des Betrachters, teils durch Schuld des Beobachtungsmaterials. Sobald man über das blosse Konstatieren von Einzelheiten hinausgeht, sobald man versucht, den Zusammenhang zu erfassen, die Erscheinungen zu begreifen, so betritt man auch den geschichtlichen Boden, wenn auch vielleicht ohne sich klar darüber zu sein.

Das kann man immer noch so stehen lassen.

Literatur

Deutsches Fremdwörterbuch, begonnen von Hans Schulz, fortgeführt von Otto Basler, 7 Bände, Straßburg, Berlin/New York 1913–88 (Neubearbeitung, bisher 6 Bände, Berlin/New York 1990 ff.).

Duden. Das Aussprachewörterbuch. 6., überarbeitete und aktualisierte Aufl., Mannheim/Leipzig/Wien/Zürich 2006.

Duden. Die deutsche Rechtschreibung, 23., völlig neu bearbeitete und erweiterte Aufl., Mannheim/Leipzig 2004.

Duden. Die Grammatik. 7. völlig neu erarbeitete und erweiterte Aufl., Mannheim/Leipzig/Wien/Zürich 2005.

Duden. Das große Wörterbuch der deutschen Sprache, 10 Bände, 3. Aufl., Mannheim/Leipzig/Wien/Zürich 1993.

Umberto Eco, Der Name der Rose. Aus dem Italienischen von Burkhart Kroeber, 8. Aufl., München 1982.

Otfrid Ehrismann, Ehre und Mut, Aventiure und Minne. Höfische Wortgeschichten aus dem Mittelalter, München.

Karoline Ehrlich, Wie spricht man «richtig» Deutsch? Kritische Betrachtung der Aussprachenormen von Siebs, GWDA und Aussprache-Duden, Wien 2008.

Wolfgang Fleischer/Gerhard Helbig/Gotthard Lerchner (Hrsg.), Kleine Enzyklopädie Deutsche Sprache, Frankfurt a. M. 2001.

Jacob Grimm/Wilhelm Grimm, Deutsches Wörterbuch, 16 Bände, Leipzig 1864–1954 (Nachdruck, München 1984).

Friedrich Kluge, Etymologisches Wörterbuch,. 23. Aufl. bearbeitet von Elmar Seebold, Berlin/New York 2002.

Werner König, dtv-Atlas Deutsche Sprache, 16. Auflage, München 2007.

Friedrich Maurer, Heinz Rupp (Hrsg.), Deutsche Wortgeschichte, 3 Bde., 3. Aufl., Berlin/New York.

Damaris Nübling, Historische Sprachwissenschaft des Deutschen. Eine Einführung in die Prinzipien des Sprachwandels, 2. Aufl., Tübingen 2008.

Peter von Polenz, Deutsche Sprachgeschichte vom Spätmittelalter bis zur Gegenwart, Band I: Einführung, Grundbegriffe, 14. bis 16. Jahrhundert, 2. Aufl., Berlin/New York 2000, Band II: 17. und 18. Jahrhundert, Berlin/New York 1994, Band III: 19. und 20. Jahrhundert, Berlin/New York 1999.

Zé do Rock, *fom winde ferfeelt. welt-strolch macht links-shreibreform. neuausgabe light*, München 1997.

Hans Ulrich Schmid, Einführung in die deutsche Sprachgeschichte, Stuttgart/Weimar 2009.

Jochen Splett, Deutsches Wortfamilienwörterbuch. Analyse der Wortfamilienstrukturen der deutschen Gegenwartssprache, zugleich Grundlegung einer zukünftigen Strukturgeschichte des deutschen Wortschatzes, 18 Bände, Berlin/New York 2009.

Mark Twain, The Awful German Language. Die schreckliche deutsche Sprache. Slovenly Peter. Nachdichtung von Heinrich Hoffmanns «Struwwelpeter», 9. Aufl., Waltrop/Leipzig 2007

Register